❖일러두기
이 책에 나온 외국 지명과 인명은 당시를 기준으로 한국 한자음을 표기했고,
현재 변경된 지명이나 중국어 발음을 병기했습니다.

나라의 독립과 자유를 위해 싸운
최후의 분대장 김학철

황동진 글 · 정진희 그림 · 김해양 감수

작가의 말

광복 80주년을 맞이하는 우리의 책임

　김학철의 원래 이름은 홍성걸이었습니다. 많은 독립운동가들은 자신의 신분을 감추기 위해 이름을 바꿨는데 홍성걸 역시 독립운동의 길에 들어선 후 이름을 바꿨습니다. 이 책에서는 독자의 이해를 돕기 위해 이름을 김학철로 통일했습니다.

　김학철은 나라를 일본에게 빼앗긴 일제 강점기에 태어나 일본인이 만든 학교에서 그들이 원하는 방식의 교육을 받으며 성장했습니다. 당시 학생들은 지금은 상상할 수도 없는 교육을 받았습니다. 국어 시간에는 일본어를 배워야 했으며 국사 시간 역시 일본의 역사를 배우며 대일본제국의 신민이라는 이념을 강요받았습니다. 1930년대 후반부터는 월요일에서 토요일까지 수업을 시작하기 전에 교사와 학생 전원이 운동장에 모여 일본 천황이 있는 동쪽을 향해 절을 했습니다. 세 번의 절이 끝나면 두 손을 동그랗게 만들어 배꼽 위치에 붙인 뒤, 황국신민서사를 다 같이 외쳐야 했습니다.

황국신민서사
하나, 우리는 대일본제국의 신민입니다.
둘, 우리는 마음을 합하여 천황 폐하에게 충의를 다합니다.
셋, 우리는 괴로움을 참고 단련하여 훌륭하고 강한 국민이 되겠습니다.

뿐만 아니라 소풍이나 운동회도 군사 훈련처럼 변해 갔습니다. 김학철은 일본인에 의해 모든 일이 결정되는 답답한 현실에서 벗어나고 싶었고, 우리가 나라를 되찾을 수 있다고 믿었기에 중국으로 망명해서 독립운동가로 활동했습니다. 조선에서 학교를 졸업하고 적당한 일자리를 찾을 수도 있었지만 김학철은 현실과 타협하는 대신 불편하더라도 정의를 외치는 삶이 올바른 길이라 믿었습니다. 김학철을 비롯한 수많은 사람들의 노력으로 우리는 1945년 8월에 나라를 되찾았습니다. 이들처럼 무엇이 올바른 일인지 고민하고 자신의 전 재산과 목숨까지 나라를 위해 아낌없이 바친 사람들을 우리는 독립운동가라고 부릅니다.

2025년이면 광복 80주년을 맞이합니다. 앞으로 시간이 더 지나면 살아 있는 독립운동가들은 거의 없겠지만, 우리는 그들을 기억해야 합니다. 일본에 충성하며 돈과 권력을 얻은 사람들은 과거를 숨긴 채 아직도 대대로 호의호식하고 있습니다. 광복 직후 매국노에 대한 처벌이 이루어지기도 했지만 먹고살기에 바쁘고 혼란스러운 세월을 겪으면서 사람들의 기억에서 지워졌습니다. 그러나 나라와 민족을 배신하고 얻은 부와 권력은 영원할 수 없습니다. 우리가 똑같은 실수를 반복하지 않으려면 역사에 관심을 갖고 진실을 찾으려는 자세가 필요합니다. 잊지 않고 기억하는 것, 그것이 바로 이 시대를 사는 우리의 책임일 것입니다.

황동진

❖ 차 례 ❖

작가의 말 2

프롤로그_1941년 12월 12일 새벽의 총성 6

1장 빼앗긴 나라에서 태어나다

못 말리는 원산 말썽꾸러기 12

경성의 소문난 책벌레 16

조선인이라는 이유로 19

독립의 뜻을 세우다 27

상해로 가는 길 32

상해에서 맞닥뜨린 갈림길 41

운명의 경성식당 45

좌절된 꿈 49

임시 정부를 향한 야반도주 53

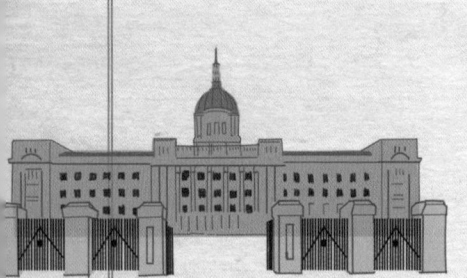

2장 독립운동에 뛰어들다

독립운동을 위한 첫걸음 58

실망스러운 첫 임무 61

황포 군관 학교 66

조선의용대의 탄생 71
치열했던 호가장 전투 76
삶은 다시 이어지고 88
열차에서 이루어진 7년 만의 만남 92
일본 나가사키 교도소 생활 97
왼 다리를 묻고 떠나오다 105

3장 서울과 평양, 연변에서의 삶

꿈에 그리던 조국 110
불가피한 월북 115
또다시 중국으로 118
문화 대혁명과 지식인 121
정의는 승리한다 124
불꽃처럼 살다 간 최후의 분대장 127

부록 **김학철의 생애** 138
김학철의 발자취 142
우리가 기억해야 할 독립운동가 144

프롤로그

1941년 12월 12일 새벽의 총성

조선이 일본의 지배하에 있던 시기, 머나먼 중국 땅에서 조선의용대는 일본군에 맞서 싸웠다. 그날도 대원들은 전투를 마치고 이튿날 태항산 기슭 호가장 마을에 돌아와 단잠을 자고 있었다. 하지만 새벽녘 일본군의 총소리가 마을에 울려 퍼졌다. 마을에 숨어 있던 친일 앞잡이가 일본군에게 조선의용대의 위치를 밀고한 것이다.

"지금 조선의용대가 호가장에 있는데, 그 수가 많지 않으니 쉽게 섬멸할 수 있습니다."

이 정보를 들은 일본군은 박격포 등의 무기로 중무장을 하고 태항산으로 향했다. 산자락에서부터 호가장을 포위한 그들은 새벽이 되기를 기다려 조선의용대를 습격했다.

조선의용대는 밤에 잠을 자는 시간에도 늘 보초를 세웠는데, 공교롭게 그날따라 보초도 잠이 든 모양이었다. 요란한 총소리에 깜짝 놀라 눈을 떴을 때는 이미 일본군이 쏜 총알이 창문과 벽을 뚫고 들어오고 있었다. 1개 대대가 쏟아붓는 화력은 작은 마을 하나를 날려 버릴 것처럼 요란했다.

학철과 대원들은 총을 들고 대응 사격을 했다. 일본군은 조선의용대 대원들이 숙소로 사용하고 있는 건물을 포위한 채 집중 사격을 멈추지 않았다. 불시에 선제공격을 당하니 아무 생각도 할 수 없었다. 한 치 앞도 보이지 않는 상황에서 적의 총소리가 나는 방향으로 있는 힘을 다해 총을 쏠 수밖에 없었다.

"모두 몸을 낮추고 후퇴한다! 빨리 이곳을 빠져나가야 해! 어서!"

숙소 밖도 일본군에게 둘러싸여 있었다. 하지만 상대가 누군지 알아보기가 힘들 정도로 새벽 안개가 자욱했다. 조선의용대 대원들은 북쪽 산등성이로 탈출하기 시작했다. 건너편 마을을 지나 팔로군 부대에 합류하는 것이 옳았으나 마을을 가로질러 퇴각하면 마을 사람들에게 피해가 갈 것을 염려했기 때문이었다. 짙은 안개 속에서 일본군 병사가 물었다.

"어느 부대냐?"

대원은 능숙한 일본어로 조선의용대가 아래쪽으로 도망쳐 내려갔다고 대답했다. 이 말을 듣고 일본군은 아래로 방향을 틀었으나 뒤늦게 속았다는 사실을 알고 다시 산등성으로 추격해 왔다. 일본군이 바짝 따라붙어 위험해지자 부대 전체가 적과 맞서는 대신 학철을 비롯한 다섯 명이 남아 부대원을 엄호하기로 했다. 김세광 대장이 대원들을 이끌고 퇴각하는 동안 학철과 남은 이들은 동료를 살리기 위해 총신이 발갛게 달아오를 정도로 대응 사격을 했다.

일본군과 가까운 거리에서 격전을 벌이며 부대원들이 안전하게 탈출할 때까지 치열한 혈투를 벌였다. 그때였다. '퍽!' 하는 소리와 함께 학철은 왼쪽 다리에 묵직한 통증을 느끼며 나가떨어졌고, 바위에 머리를 부딪혀 쓰러졌다. 더 이상 요란한 총소리도 들리지 않았다. 총알에 살이 뚫린 고통도 느껴지지 않았다. 학철은 어둡고 깊은 곳으로 끝없이 빠져만 갔다.

팔로군 항일 전쟁 때에 화북(화베이)에서 활약한 중국 공산당의 주력군
총신 총의 몸통

1장

책을 좋아하던 개구쟁이 소년,
김학철

빼앗긴 나라에서 태어나다

(1916~1935)

못 말리는 원산 말썽꾸러기

학철은 함경남도 원산 바닷가에서 태어나 자랐다. 어릴 때부터 장난이 심해 동네에서 제일 유명한 말썽꾸러기였다. 잠시라도 가만히 있으면 몸이 뒤틀리고 하루라도 말썽을 안 부리면 몸살이 나는 아이였다.

어느 날은 어머니 반짇고리에서 몰래 꺼낸 쪽가위로 잠든 고양이 수염을 자르다가 놀란 고양이 발톱에 손등을 긁혀 피가 나고, 또 하루는 벌집 모양이 궁금해서 벌집 안쪽을 부젓가락으로 파며 살펴보기도 했다. 자신들의 보금자리를 공격당한 벌들이 학철을 가만둘 리 없었다. 성난 벌들은 학철에게 달려들었고 어머니는 벌침에 쏘여 퉁퉁 부은 학철의 얼굴에 된장을 발라 주었다. 어머니는 벌에게 혼쭐난 학철이 며칠이라도 조용히 있기를 바랐다. 하지만 이번에는 나뭇가지로 활을 만들어 탐스럽게 익은 이웃집 호박을 과녁 삼아 활쏘기 연습을 했다.

학철의 활에 맞아 상처투성이가 된 호박 주인은 씩씩대며

부젓가락 화로에 꽂아 두고 불덩이를 집거나 불을 헤치는 데 쓰는 쇠로 만든 젓가락

학철의 어머니를 찾아왔다.

"학철 엄마! 당신 아들 양반이 고맙게도 우리 집 호박을 벌집으로 만들었는데, 와서 한번 구경이라도 해요. 아주 명사수 나셨어. 명사수!"

어머니는 꼼짝없이 호박값을 물어주어야 했다. 학철은 어머니에게 혼이 난 뒤 활쏘기를 그만두었다. 하지만 이후로도 검술을 익힌다고 나무로 만든 검을 들고 과수원 가시나무 울타리를 상대로 찌르고 베다 과수원 주인에게 들키는 등 장난을 멈추지 않았다.

밖으로만 나도니 당연히 학교 성적은 엉망이라 학철은 성적표가 나오는 날이면 항상 어머니께 꾸지람을 들었다. 그렇게 말썽만 부리고 공부에 취미가 없던 학철에게 변화가 찾아왔다. 원산 시내에 도서관이 생겼기 때문이다. 학철은 도서관에서 하루에 한 권씩 책을 빌려 와 밤을 새우며 읽고 또 읽었다. 학철은 책을 통해 새로운 세상을 만났다. 곧 도서관은 학철의 호기심을 충족시켜 주는 곳이자 재미있는 놀이터가 되었다.

일본에게 나라를 빼앗긴 시기, 학철 역시 정체성의 혼란을 겪고 있었다. 학교에서 단체로 구경하러 간 원산항에는 마침 정박 중인 엄청난 규모의 일본 함대가 있었다. 학철은 최신식 일본 군함을 보고 "우리 해군이 최고야!"라는 마음에 어깨가 으쓱해졌다. 그러다 교실로 돌아오면 국사 교과서와 국어 교과서의 國(국)자를 日(일)자로 바꾸었다. 일본과 우리는 다르다는 것을 표현한 것이다. 그런 학철을 보고 조선인 담임 선생님은 "그러다 일본인 교장에게 들키면 큰일 난다. 조심해!" 하고 주의를 주었다. 일본에 대한 감정이 하루에도 몇 번씩 바뀌던 시절이었다.

경성의 소문난 책벌레

　학철은 1929년 경성 수송동에 있는 외가로 이사를 와 혜화동에 있는 보성 고등보통학교에 입학했다. 학철이 학교 생활에 익숙해질 무렵 외가는 관훈동으로 이사를 했다. 어릴 때부터 책을 좋아하던 학철에게 고서점이 가득한 관훈동은 천국과도 같은 곳이었다. 헌책방에서 책 한 권을 20전(현 12,000원)에 사서 다 읽고 도로 가져가면 15전(현 9,000원)에 사 주었다. 그러면 다시 5전(현 3,000원)을 더해서 20전에 책 한 권을 사서 볼 수 있었다. 5전에 책 한 권을 빌려 보는 꼴이었다.

　안국동 네거리에는 이문당이라는 큰 서점이 있었다. 그곳에서는 새로 나온 책도 조용히 서서 읽으면 주인이 눈치를 주지 않아 학철은 시간만 나면 이문당에서 책을 읽었다. 특히 세계 여러 나라의 문학 작품에 빠져 있던 학철을 주변 사람들은 '책벌레'라 불렀다.

　"책벌레 왔니? 오늘은 신간 잡지가 들어왔으니 왼쪽 서가

고서점 오래전에 간행된 책을 다루는 서점

로 가면 돼.”

"감사합니다. 사장님. 깨끗이 넘겨 보고 가겠습니다.”

서점 주인도 학철을 알아보고 새 책이 나오면 안내할 정도였다.

공부에 흥미가 없는 학철이 경성으로 가면 좀 나아질까 싶어 어려운 살림에도 경성으로 유학을 보낸 어머니의 속은 까맣게 타들어 갔다. 서점과 도서관에서 대부분의 시간을 보내니 학철의 학교 성적은 여전히 나빴다. 학철은 성적표가 도착하는 날에는 대문 앞에서 책을 보며 집배원이 오기를 기다렸다.

"수고가 많으십니다. 제가 보성 고등보통학교에 다니는 김학철입니다. 우편물은 저에게 주시면 됩니다.”

집배원은 우편물과 학철을 번갈아 보며 곤란하다는 듯이 말했다.

"원래는 부모님께 직접 드려야 하는데….”

학철은 자분하고 당당하게 대답했다.

"저만 학교 때문에 경성으로 유학을 왔고, 부모님은 지방에 계시는데 어떻게 할까요?”

"그래? 그럼 알았다. 아마 성적표인 것 같은데 나중에라도 부모님께 꼭 보여 드려라.”

"네, 알겠습니다."

집배원은 우편물이 가득 든 큰 가방을 멘 채 자전거에 올라타 학철을 보고 살짝 웃었다. 학철은 집배원을 향해 허리를 굽혀 인사했다. 학철은 매번 그런 방법으로 집배원에게 받은 성적표를 누구에게도 보여 주지 않고 영원한 비밀로 만들었다.

조선인이라는 이유로

학철은 수업 시간 내내 창밖을 바라보고 있었다. 학철에게 학교는 답답함의 연속이었다. 궁금한 것도 많고 문학에도 관심이 있었던 학철은 수업이 끝나면 늘 서점이 있는 안국동이나 황금정으로 향했다. 오늘도 학철은 수업을 마치자마자 기다렸다는 듯이 신나게 황금정으로 향했다. 서둘러 학교를 나서는 학철의 등 뒤로 같은 반 친구들이 소리쳤다.

"학철아, 우리 영화 보러 단성사 가는데 같이 갈래?"

"미안! 오늘 급한 일이 있어서. 다음에는 꼭 갈게!"

학철은 정문을 지나 경사가 심한 내리막을 한달음에 내려갔다. 학철이 뛰는 건 기다리던 책이 일한서방에 들어온다는 소식을 들었기 때문이다. 학철은 서점에 도착해 새로 나온 책을 샀다.

'빨리 집에 가서 봐야지.'

학철은 뿌듯한 마음으로 새 책을 자랑스럽게 겨드랑이에 끼고 집으로 가고 있었다. 한참을 걷고 있는데, 갑자기 빗방울이 떨어지기 시작했다.

'책이 젖겠어.'

학철은 새 책이 젖을까 봐 교복 상의 자락 밑에 재빨리 감추었다. 그때였다. 바로 앞 파출소에서 비 구경을 하던 일본인 순사가 불쑥 학철을 불러 세웠다. 순사 눈에는 학철이 훔친 책을 숨기는 것처럼 보인 것이다.

"옷 속에 숨긴 책 좀 보자."

순사는 기분 나쁜 눈초리로 검문하듯이 물었다.

"이 책 어디서 났나?"

학철은 영문을 몰라 가볍게 대답했다.

"서점에서 산 겁니다."

"거짓말 말아. 서점에서 몰래 훔친 거지?"

일본인 순사는 학철을 책 도둑이라고 생각했다. 학철은 도둑으로 몰리자 얼굴이 화끈 달아올랐지만, 단호하게 대답했다.

"아닙니다. 방금 일한서방에서 산 겁니다."

학철의 당당한 태도에 멈칫한 순사는 학철을 위아래로 훑어본 뒤 서점에 전화를 걸었다.

"내가 책 도둑으로 보이는 학생을 잡았는데 훔치지 않았다고 하니 서점에서 빨리 와서 확인을 해 주면 좋겠는데."

"알겠습니다. 바로 직원을 보내겠습니다."

순사의 전화를 받고 놀란 서점 주인은 직원을 보냈다. 서점 직원은 오토바이를 타고 파출소에 도착했다. 서점 직원이 파출소로 들어오자, 순사는 학철에게 빼앗은 책을 보여 주며 서점에서 판 책이 맞는지를 물었다. 서점 직원은 순사에게 책을 건네받아 살폈다.

"우리 서점에서 조금 전에 사 간 책이 맞습니다. 이 학생은 단골이라 얼굴도 기억합니다. 제가 직접 돈을 받고 팔았습니다."

서점 직원의 해명으로 학철이 정당하게 책을 샀다는 것이 밝혀졌지만, 순사는 떫은 감을 씹은 표정으로 학철을 나무라듯 큰 소리로 말했다.

"어이! 학생! 거기 서 있지 말고 그만 가! 학생이 집에 일찍 들어가야지. 이렇게 늦은 밤에 다니면 오늘처럼 불령선인으로 몰리는 거야. 앞으로 조심해! 알겠어?"

학철은 아무 잘못도 없이 순사에게 책 도둑으로 몰려 파출소에서 한 시간가량 잡혀 있었다. 책 도둑으로 몰린 것도

불령선인 일제 강점기에 불온하고 불량한 조선 사람이라는 뜻으로, 일본 제국주의자들이 자기네 말을 따르지 않는 한국 사람을 이르던 말

억울한데 사과를 받기는커녕 항의조차 할 수 없다니. 조선인이라는 이유로 도둑으로 몰려도 말 한마디 할 수 없는 자신의 처지에 치가 떨렸다.

'이 억울한 마음이 어떻게 해야 풀릴까?'

학철은 파출소를 나와 이미 어두워진 하늘을 바라봤다. 종로 거리로 접어들어 별 하나 없는 밤하늘을 바라보며 걷기 시작했다. 어두운 곳 한복판에 갇힌 듯 마음이 답답했다. 그렇게 한참을 걷다 눈앞에 보이는 헌책방에 들어갔다. 책이라도 보면 복잡한 마음이 가라앉을 것 같았다. 오래전 폐간된 〈개벽〉이라는 잡지로 손이 향했다. 학철은 운명처럼 다가온 책을 재빨리 꺼내 들었다. 책장을 넘기다 '빼앗긴 들에도 봄은 오는가'라는 제목에서 멈췄다. 시를 읽는 동안 온몸이 굳어 버린 느낌이었다.

학철은 시를 다시 한번 읽었다. 가슴에서 표현할 수 없는 강렬한 전율을 느꼈다.

빼앗긴 들에도 봄은 오는가

이상화

지금은 남의 땅 빼앗긴 들에도 봄은 오는가

나는 온몸에 햇살을 받고
푸른 하늘 푸른 들이 맞붙은 곳으로
가르마 같은 논길을 따라 꿈 속을 가듯 걸어만 간다.

입술을 다문 하늘아, 들아,
내 맘에는 내 혼자 온 것 같지를 않구나!
네가 끌었느냐, 누가 부르더냐. 답답워라, 말을 해 다오.

바람은 내 귀에 속삭이며
한 자욱도 섰지 마라, 옷자락을 흔들고.
종다리는 울타리 너머 아씨같이 구름 뒤에서 반갑다 웃네.

고맙게 잘 자란 보리밭아,
간밤 자정이 넘어 내리던 고운 비로
너는 삼단 같은 머리털을 감았구나, 내 머리조차 가뿐하다.

혼자라도 가쁘게나 가자.
마른 논을 안고 도는 착한 도랑이
젖먹이 달래는 노래를 하고, 제 혼자 어깨춤만 추고 가네.

나비 제비야 깝치지 마라.
맨드라미 들마꽃에도 인사를 해야지.
아주까리 기름을 바른 이가 지심 매던 그 들이라 다 보고 싶다.

내 손에 호미를 쥐어 다오.
살진 젖가슴과 같은 부드러운 이 흙을
발목이 시도록 밟아도 보고, 좋은 땀조차 흘리고 싶다.

강가에 나온 아이와 같이,
짬도 모르고 끝도 없이 닫는 내 혼아
무엇을 찾느냐, 어디로 가느냐, 웃어웁다, 답을 하려무나.

나는 온몸에 풋내를 띠고,
푸른 웃음 푸른 설움이 어우러진 사이로
다리를 절며 하루를 걷는다. 아마도 봄 신령이 지폈나 보다.

그러나, 지금은 들을 빼앗겨 봄조차 빼앗기겠네.

'조선인이라는 이유로 책 도둑으로 몰려도 항의도 못 하는 나는 앞으로 어떻게 살아야 하나.' 하는 고민으로 가득찬 순간 발견한 시에서 나라를 잃은 설움이 느껴졌다. 학철의 인생에서 가장 힘들고 우울한 날이었다. 서점에서 집으로 가는 길은 멀지 않았지만 무거운 마음에 발이 떨어지지 않았다.

독립의 뜻을 세우다

 학철은 이 땅에서 일본인들에게 차별과 탄압을 받고 사는 것이 얼마나 자존심 상하는 일인지 깨달았다. 그 이후로 무장 투쟁에 대해 생각하는 시간이 부쩍 많아졌다. 몇 해 전 들었던 윤봉길 의사의 폭탄 의거와 십여 년 전부터 조선 청년들이 중국에 있는 황포 군관 학교(중앙육군 군관 학교)에서 군사 훈련을 받고 있다는 사실이 떠올랐다. 그동안 학철은 독립운동을 남의 일처럼 생각했다. 그런 학철이 책 도둑으로 몰린 사건과 이상화의 시를 통해 내린 결론은 불의를 피하지 말고 맞서 싸워야 한다는 것이었다.

 '나라를 빼앗겼는데 편하게 학교나 다니고 있어도 되는 건가?'

 홀로 자신을 키운 어머니와 두 누이동생이 걱정되어 결정하기 어려웠다. 하지만 학철의 마음은 이미 상해(상하이) 임시 정부로 향하고 있었다. 학철은 시도를 보며 상해로 가는

무장 투쟁 정치·군사적 목적을 이루기 위하여 무장 집단이 조직적으로 벌이는 군사 행동
상해 임시 정부 1919년 4월 13일에 중국 상해에서 독립운동가들이 세운 임시 정부

방법을 고민했다.

'배로 갈까, 열차로 갈까?'

당시 학철의 어머니는 자식들을 경성으로 유학 보내기 위해 고향 집을 팔았다. 그리고 삼 남매의 학비로 250원(현 15,000,000원)을 따로 떼어 통장에 넣었는데, 그것을 맏이인 학철이 보관하고 있었다. 학철은 상해로 가는 여비를 통장에서 빼어 쓰기로 했다. 여비를 여유 있게 가져가고 싶었지만 동생들을 생각해 100원(현 6,000,000원)만 찾았다. 결심을 굳힌 학철은 기대감으로 심장이 고동치는 걸 느낄 수 있었다.

다음 날 새벽, 학철은 북악산에 올랐다. 가슴이 답답할 때 오르던 곳이었다. 이제 상해로 가면 언제 돌아올지 모르니 학철은 마지막으로 경성 시내를 보고 싶었다. 이른 아침이라 거리에는 사람도 자동차도 거의 없었다. 북악산 말바위에 오르자 경성 시내가 한눈에 들어왔고 학교도 보였다.

'아, 이제 학교와도 이별이구나.'

학교생활을 열심히 하지는 않았지만, 막상 그만둔다고 생각하니 아쉬운 마음이 가득했다. 시선을 돌려 다시 경복궁을 시작으로 조선총독부 그리고 경성부청과 남산 신궁까지 직선으로 이어진 모습에서 그동안 몰랐던 섬뜩함이 느껴졌다. 조선의 경복궁과 광화문을 무시하고 세운 조선총독부 첨탑이 송곳처럼 날카롭게 느껴졌다. 조선총독부와 경성부청은 근대화를 가장한 점령군이고 남산 신궁은 이 땅의 주인이 일본이라고 주장하는 것처럼 느껴졌다.

'그래, 떠나는 거야! 저 오만한 총독부가 사라지는 날까지 나라를 위해 싸우자!'

학철은 아는 사람도 없고, 가 본 적도 없는 상해로 가기로 했다. 떠나는 날 학철은 학교 유도부에서 합숙 훈련을 간다고 거짓말을 하고 가방에 유도복과 다른 옷가지 몇 개를 챙겼다. 집을 나서면서는 여유 있게 보이기 위해 휘파람을 불었다. 하지만 때때로 '내가 지금 미친 짓을 하는 건가?'라는 생각이 들기도 했다.

상해로 가려면 우선 경성역에서 중국 봉천(선양)으로 가는 열차를 타야 했다. 학철은 경성역에서 열차표를 산 뒤, 대합실에 앉아 어머니께 편지를 쓰기 시작했다. 상해로 떠나는 자신의 뜻과 가족을 돌보지 않고 가게 되어 미안한 마음을 담아 정성껏 써 내려 갔다.

어머니 전상서

어머니, 이제 아침저녁이면 제법 찬바람이 옷깃을 여미게 하는 계절이 왔습니다. 저는 학교생활도 재미있고 한동안 책 읽는 재미에 푹 빠져서 연락도 자주 못 드렸습니다. 정말 죄송합니다. 어머니가 걱정해 주신 덕분에 누이동생들 역시 잘 지내고 있습니다. 여유롭지 못한 형편에도 저를 위해 경성에 유학을 보내 주셨는데 변변찮은 성적으로 어머니 정성에 보답하지 못해 늘 죄송한 마음입니다. 어머니께서 이 편지를 받으실 때면 저는 이미 중국에 도착해서 상해 임시 정부로 향하고 있을 겁니다. 하직 인사도 제대로 못 드리고 이렇게 글로 대신하게 되어 죄송합니다.

어머니, 저는 책에서 이렇게 배웠습니다.

'편안하게 살려거든 불의에 외면을 하라.

그러나 사람답게 살려거든 그에 도전을 하라.'

지금 우리는 일본에 나라를 빼앗기고 억울한 일을 당해도 항의조차 못 하는 수모를 당하며 살고 있습니다. 어릴 때는 어머님 품에서만 있으면 무서운 것도 없었고, 세상이 늘 어머니 마음처럼 포근한 줄만 알고 살았습니다. 그러나 경성에서 하루하루를 지내면서 참기 힘든 무거운 마음이 들었습니다. 우리 땅에서 우리 마음대로 할 수 있는 게 점점 줄어들고 있다는 사실이 정말 괴로웠습니다. 제가 학교에 다니는 동안 해외에서는 목숨을 바치며 일본에 대항하여 싸우는 우리 조선 사람들이 있다는 걸 알게 되었습니다. 그래서 저도 결심했습니다. 중국으로 가서 나라를 되찾는 일에 도움이 되고자 합니다.

  그동안 훌륭하게 키워 주시고 입혀 주신 어머니 은혜를 이제 갚아야 할 나이인데 이렇게 어머니 품을 떠나는 불효를 부디 용서해 주십시오. 제가 떠나고 며칠은 허전하시겠지만, 부디 나라를 위해 목숨을 바친 자랑스러운 아들이 있었다고 생각하시고 어머니 가슴에 묻어 주시길 바랍니다. 우리나라가 독립하는 날 어머니와 제가 웃으며 만나는 날을 생각하며 어떤 어려움도 참고 지내겠습니다.

  어머니, 건강하시고 오래오래 사시길 빕니다.

  불효막심한 아들이 경성역에서 어머니에게 편지를 올립니다.

1935년 어느 가을 오후에

상해로 가는 길

경성역을 출발한 열차는 밤새 달려 정주(정저우)역에 도착했다. 이 무렵 일본은 해외로 탈출해서 독립운동을 하려는 조선인을 막기 위해 열차 안 검문검색을 강화했다. 열차가 정주역에 도착하자마자 일본 형사 여섯 명이 열차에 올라타 매서운 눈초리로 객실 안 사람들을 살피기 시작했다. 유난히 고약한 표정의 형사가 학철을 노려보며 물었다.

"어딜 가는 거지?"

"봉천에 갑니다."

"차표 보여 줘."

형사는 차표를 확인하더니 학철의 가슴 쪽으로 차표를 툭 던졌다.

"휴대품은?"

학철은 머리 위 선반을 가리키며 말했다

"저 가방 하나뿐입니다."

"가방 가지고 따라와. 어서!"

마치 큰 죄를 지은 범인이라도 잡은 듯이 형사는 기세등등하게 학철에게 명령했다.

학철은 얼마 전 책 도둑으로 몰렸던 일이 떠올라 긴장할 수밖에 없었다. 들고 가는 가방에 폭탄이라도 들어 있는 것처럼 가방이 거북하게 느껴졌다. 여행객들은 타지 않는 열차 맨 끝 화물칸에는 또 다른 형사가 기다리고 있었다. 질식할 듯 숨 막히는 분위기 속에 심문이 시작되고 한 형사가 명령했다.

"가방 열어 봐!"

학철은 떨리는 손으로 가방을 열었다. 가방 맨 위에는 유도복이 있었다.

중국 여행을 가는 학생 가방에 든 유도복을 보고 형사들은 멋쩍은 웃음을 지었다.

"무자수행(武者修行)이라도 하는 거냐?"

엉뚱한 학생이라고 생각했는지 다른 형사가 빈정거리며 가방을 뒤지기 시작했다.

"다른 소지품은…?"

가방에서 나온 선 회중시계와 만년필, 약간의 돈뿐이었다. 두 형사가 기대하는 수상한 물건이 나와야 꼬투리를 잡

무자수행 무사가 무예를 닦기 위해 여러 곳을 돌아다니는 것

고 실적을 올릴 텐데 아무리 뒤져도 독립운동과는 거리가 먼 물건만 나오니 형사들은 허탈한 모습이었다.

민망하게 서로를 보던 형사 중 한 명이 선심 쓰듯 말했다.

"그만 가 봐."

"네, 알겠습니다."

학철은 긴장하고 있었지만 태연한 척 대답했다. 학철은 자리로 돌아오는 동안 가방을 든 손이 미세하게 떨리는 걸 느꼈다.

학철 맞은편에 앉았던 중년 신사가 학철을 반갑게 맞으며 학철을 도와 가방을 선반에 올려 줬다.

"무사해서 다행이오. 만주국은 초행인가 본데, 이 근방은 국경 지대라 언제나 이렇게 검문이 까다롭지요."

놀란 학철을 진정시켜 준 고마운 사람이었다. 서로에 대해 알고 싶은 건 많지만 터놓고 말하기는 어려운 세상이었다. 그저 눈빛으로 서로의 마음을 짐작할 뿐이었다. 중년 신사가 만주 소식과 생활에 필요한 정보 등을 자세하게 말해 줬다. 잠깐 이야기가 끊겼을 때 창밖을 보니 열차가 압록강

만주국 1932년에 일본이 중국 동북 지방에 세운 괴뢰 국가

을 건너고 있었다.

'드디어 국경을 벗어났구나!'

학철은 묘한 긴장감과 함께 새로운 시작을 앞두고 도전 의식이 생겼다.

열차는 안동(단둥)을 지나 첫 번째 목적지인 봉천에 도착했다. 경성에서부터 함께 온 중년 신사는 봉천에서도 많은 도움을 주었다. 아는 사람도 없는 타지에서 중년 신사의 도움으로 인력거를 타고 숙소로 향할 수 있었다. 처음으로 인력거를 탄 학철은 자신만 편히 가는 게 미안해 윗몸을 꼿꼿이 세우고 있었다. 그러자 인력거꾼이 별안간 멈춰서 학철에게 중국말로 무어라 소리를 질렀다. 인력거에 탄 사람이 등받이에 기대고 앉아야 인력거꾼이 쉽게 끌 수 있기 때문이었다. 학철은 그제서야 눈치로 알아채고 등을 기대어 앉았다.

긴장과 피로로 지친 학철은 여관에 도착하자마자 잠이 들었다. 이튿날 다시 중년 신사의 도움으로 봉천역에 간 학철은 상해로 향하는 열차에 탔다.

"부디 목적지까지 잘 도착하길 빌겠소."

중년 신사는 마지막까지 학철을 걱정해 주었다.

"제가 신세를 많이 졌습니다. 이 은혜는 꼭 갚겠습니다."
"신세는 무슨. 같은 동포끼리 돕고 사는 거죠. 그럼 인연이 닿으면 또 봅시다."

열차가 출발하고 창밖에서 손을 흔들며 인사하는 중년 신사를 보던 학철은 그제야 이름도 물어보지 못했다는 걸 깨달았다. 학철은 다시 아는 사람 하나 없는 외톨이 신세가 되었다. 아침에 출발한 열차는 저녁 무렵 산해관(상하이관)에 도착했다. 산해관역은 만주국과 중국의 국경이라 다시 또 검문검색이 시작됐다. 학철이 탄 열차에 30대로 보이는 평상복을 입은 남자가 탔다. 승객들을 자세히 훑으며 지나가

던 그는 학철 앞에 섰다.

"어디로 가는 거지?"

여행객들 사이에서 교복을 입은 학철은 눈에 띨 수밖에 없었다.

"천진(톈진)에 갑니다."

상해로 간다고 하면 독립운동가로 보여 괜한 일을 만들까 싶어 거짓으로 대답했다. 학철은 그가 지나가길 바랐으나 여지없이 학철을 지목했다.

"조사할 것이 있으니 휴대품 가지고 날 따라와!"

정주에서처럼 다시 가방을 수색당하고 모멸감을 느낄 것

을 생각하니 마음이 무거워졌다. 그런데 이번에는 아예 열차에서 내리는 것이었다.

그들을 따라 역 안쪽에 설치된 헌병 분견소에 들어서는 순간 학철이 타고 온 기차는 기적을 울리며 떠났다.

'조금만 더 가면 상해 임시 정부에 도착하는데….'

학철은 하늘이 무너지는 심정이었다. 학철의 심문을 맡은 헌병은 예의를 갖추는 듯했지만, 학철의 허점을 교묘하게 파고들 기세였다. 그렇지만 한참을 심문해도 별 소득이 없자 심문을 마무리할 심산으로 마지막 질문을 했다.

"담배는 피우나?"

학철은 고개를 좌우로 저었다.

"얌전한 학생이구나."

헌병은 담배를 입에 물고 학철을 보며 선심 쓰듯 말했다.

"하루쯤 늦어도 뭐 크게 잘못될 일 아니니 내일 차로 다시 떠나. 이렇게 내린 김에 산해관 구경도 좀 하고. 네가 잘 곳은 알아봐 주마."

헌병은 큰 소리로 사람을 불렀다. 그러자 학철을 열차에

분견소 파견 나온 부대가 머무르던 곳

서 내리게 한 남자가 굽실거리며 들어왔다. 헌병의 지시로 학철을 여관으로 안내하는 동안 그 남자는 머쓱한 표정으로 말했다.

"학생, 나를 너무 원망하지는 마시오. 나 역시 이런 일이 좋아서 하는 건 아니오. 나도 집에 학생 또래의 동생이 있지만 직업이 이렇다 보니 할 수 없잖소."

"…."

학철은 대답할 말이 생각나지 않았다. 하지만 좀 전까지만 해도 밉상이었던 사람의 입에서 그런 말을 들으니 나라 잃은 민족이 겪는 슬픔이 느껴졌다. 학철은 이미 그 남자를 용서하고 있었다. 여관 앞에 도착해서야 그에게 인사를 건넸다.

"안내해 주셔서 감사합니다."

"그래요. 편히 쉬고, 내일 기차 시간에 늦지 않게 역으로 와요."

웃으며 인사하는 남자를 보며 학철은 씁쓸했다.

다음날 산해관역에서 출발하는 열차에 탄 학철은 또다시 곤란한 일을 겪었다. 열차표가 문제였다. 검표원은 정중한 말씨로 학철에게 사정을 설명했다.

"이 열차는 남만주 철도 소속입니다. 손님 승차권은 중국 철도가 발행한 표라 이 열차를 이용할 수 없습니다. 죄송하지만 다른 열차를 이용하는 것이 좋겠습니다."

학철은 일이 뜻대로 되지 않자 화가 치밀었지만, 목적을 달성하기 전 일을 그르칠 수 없어서 참기로 마음먹었다.

"죄송합니다. 잘 모르고 그랬습니다. 마음이 급해 실수했습니다."

"아닙니다. 이번에 내려서 다음 열차를 타시죠."

검표원의 태도는 부드러웠지만 무언의 압박이 느껴졌다. 학철은 할 수 없이 열차에서 내려 다시 몇 시간을 기다린 후 목적지로 가는 열차를 탈 수 있었다.

상해에서 맞닥뜨린 갈림길

　상해역은 학철이 여태껏 한 번도 본 적 없는 생소한 곳이었다. 상해역 안에는 열차를 타고 내리거나 배웅 온 사람들로 북적였다. 경성역에서는 긴장해서 알아채지 못했던 열차 수증기조차 여기서는 신비롭게 느껴졌다. 처음 와 보는 곳이라 모두 낯설고 신기했다. 학철은 수많은 여행객들에 의해 떠밀리듯 상해역 밖으로 나왔다. 눈앞에 일렬로 대기하

고 있던 인력거꾼들이 역에서 나오는 사람들을 향해 벌떼처럼 몰려들었다. 학철에게 키가 크고 깡마른 인력거꾼 한 명이 다가왔다.

"호텔? 고…?"

그는 영어로 말을 걸었다. 학철은 별다른 대답을 하지 않고 인력거에 올라탔다. 인력거는 달리기 시작했다. 상해 거리는 눈이 돌아갈 정도로 신기했다. 사람과 차로 엄청나게 붐비는 거리를 놓치지 않고 다 보려 정신없이 두리번거리다 보니 머리가 핑 돌면서 어지러웠다. 학철은 잠시 눈을 감았다. 한동안 달리던 인력거가 멈춘 곳은 '동양관(東洋館)'이라는 곳이었다. 상해에서 '동양'이라는 단어가 '일본'이란 걸 알 리 없는 학철은 화려한 간판을 넋을 잃고 보고 있었다. 그 순간 문이 열리며 젊은 여자가 나오더니 "이랏샤이마세!" 하고 인사했다. 뒤따르던 직원은 얼른 학철의 가방을 뺏어 들고 여관 안으로 들어갔다. 인력거꾼이 학철을 일본인으로 오해하고 일본 여관으로 온 것이다.

'이런! 고급 여관이라 비쌀 텐데….'

학철은 돈 생각에 잠시 머뭇거렸지만, 딱히 거절하거나 인력거꾼을 나무랄 생각도 없었다. 독립운동을 하겠다고 찾아온 상해에서의 첫날 밤을 일본 총영사관 바로 앞에서 보내게 되었다. 학철은 열정만 믿고 아무런 정보나 준비 없이 온 자신이 한심하게 느껴졌다. 화려하게 장식된 숙소에는 깨끗한 침구가 준비되어 있었다. 잠자리에 누운 학철은 남은 돈을 계산해 봤다. 앞으로 상해에서 생활하려면 돈을 아껴야 했다.

'바보 같은 짓을 해서 하룻밤 자는 비용으로 한 달 생활비를 쓰다니….'

다음 날 학철은 일어나자마자 짐을 챙겨 중국인이 운영하는 여관으로 숙소를 옮겼다. 그곳은 저렴한 대신 비좁고 지저분했다. 가장 큰 문제는 화장실이었다. 아무리 돌아다녀도 화장실이 보이지 않았다. 학철은 직원에게 화장실이 어디냐고 물어봤다.

"저기예요."

직원이 손으로 가리키는 침대 밑에 빨간 나무통이 보였다. 놀란 학철은 다시 물었다.

"진짜 이 통에 볼일을 보라는 거요?"

직원은 '그것도 몰라?' 하는 표정을 지었다.

"이 지역은 인분이 귀해 대소변을 하수구에 버리지 않고 마통에 볼일을 봅니다. 그럼 이른 새벽에 농민들이 수레를 끌고 와서 인분을 가져가 거름으로 씁니다."

"아… 그렇군요. 마통이라고 부르는군요. 알겠습니다."

학철은 식사도 할 겸 밖으로 나와 거리를 걸었다. 어떤 음식을 먹어야 할지 그리고 어떻게 생긴 식당이 저렴한지 알 수 없었다. 실수로 또 많은 돈을 쓸까 봐 걱정이었다. 학철이 아무리 정신 차리고 봐도 알 수 없는 것들뿐이었다.

한참 걷다 갈림길을 만난 학철은 어디로 갈지 망설여졌다. 순간 장난기가 발동한 학철은 어릴 적 친구들과 놀던 방식에 운명을 걸었다. 동전을 던져 앞면이 나오면 오른쪽, 뒷면이 나오면 왼쪽으로 가겠다고 마음을 먹었다. 머리 위 높이까지 던진 동전은 학철의 발아래 떨어졌고, 뒷면이 위를 향하고 있었다. 학철은 동전이 시키는 대로 왼쪽 길로 걸었다. 10여 분을 걷는 동안 불안한 마음은 여전했다. 괜한 짓을 했나 하고 후회할 무렵 학철의 눈에 반가운 간판 하나가 보였다.

운명의 경성식당

학철은 경성을 떠난 지 며칠 지나지 않았지만 경성식당이라는 한글 간판을 보자 마치 고향 집에 온 것처럼 편안한 마음으로 문을 열고 들어갔다. 식당 내부는 서양식이었다. 다만 직원이나 손님 모두 조선인이었다. 벽에 걸린 메뉴도 한글로 쓰여 있었다. 학철은 반가운 마음에 출입문 가까운 곳에 자리를 잡고 음식을 주문해서 허겁지겁 먹었다.

그때 화려하면서 기품이 느껴지는 중년 여자가 들어왔다. 여자는 드레스를 입고 그 위에 진회색 모직 코트를 걸치고 있었다. 학철은 한눈에 그가 보통 사람이 아니라는 걸 알 수 있었다. 여자는 학철을 곁눈질로 보면서 주인과 인사를 주고받더니 이윽고 학철을 향해 다가왔다. 정체 모를 사람이 가까이 오자 긴장한 학철은 시선을 피하며 아무렇지 않은 듯 계속해서 밥을 먹었다.

"학생, 조선에서 왔죠?"

설마 했으나 그가 식탁 앞까지 다가와 묻자 학철은 깜짝 놀라 대답했다.

"네, 맞습니다."

 학철은 긴장해서 귀까지 발갛게 달아오르는 걸 느꼈다. 그는 학철에게 다시 물었다.
 "여기까지 혼자서요?"
 "네. 그런데 왜 그러시죠?"
 학철은 떨리는 마음을 들키지 않기 위해 오히려 질문을 던졌으나 그는 무시하고 질문을 이어갔다.
 "실례지만 학생이 무슨 일로 여기까지 오셨나 궁금한데요?"

학철은 궁지에 몰렸다는 생각이 들자, 이런 경우를 대비해 준비한 대답을 했다.

"더 넓은 곳에서 공부하기 위해서 왔습니다."

그는 그런 학철의 마음을 꿰뚫어 본 것처럼 미소를 지으며 물었다.

"지금 어디에서 지내고 있죠?"

"중국 여관인데… 여기서 멀지 않은 곳입니다."

어느새 학철은 순순히 대답하고 있었다.

"불편하시겠어요. 마침 우리 집에 방이 한 칸 비어 있는데, 그리로 숙소를 옮기는 게 어떻겠어요? 학생 혼자 이곳에서 고생이 많을 텐데요. 공부하러 멀리까지 온 학생을 보니 동생 생각이 나서요. 동포끼리 이럴 때 도와야죠. 나는 김혜숙이라고 합니다."

"저는 김학철입니다. 잘 부탁드리겠습니다."

학철은 짧은 시간이지만 품위 있고 자신감 넘치는 여자의 태도에 순순히 제안을 받아들였다. 상해에 도착한 지 24시간이 채 안 돼서 학철은 새로운 운명의 길로 들어섰다.

좌절된 꿈

　상해는 국제도시로 여러 나라에서 온 사람들이 살고 있었다. 학철이 김혜숙을 따라 간 곳은 프랑스인이 모여 사는 프랑스 조계지였다. 김혜숙의 집은 이층집으로 아래층은 갓난아이를 키우는 중국인 부부에게 세를 주었고, 학철은 이층에서 지내게 됐다. 이층에는 방이 3개 있었는데 이층을 오르면 나오는 첫 번째 방은 집주인인 김혜숙이 쓰고 맨 끝에 있는 방은 직업 댄서인 송일엽이라는 여인이 쓰고 있었다. 학철은 가운데 방을 쓰게 됐다. 방에는 침대 하나, 책상 하나, 의자 두 개가 전부였다.

　학철은 김혜숙과는 나이 차이가 많이 나 오히려 편하게 대할 수 있었다. 그러나 송일엽은 학철보다 네 살 위라 누나로 대접해야 해서 약간의 불편함을 느꼈다. 댄서로 일하는 송일엽은 항상 자정이 지나야 집에 돌아왔다. 낮과 밤이 바뀐 생활을 하니 오후가 다 되어서야 방에서 나오기 일쑤였다. 그래서 아침 식사는 늘 학철과 김혜숙만 함께했다. 학철

조계지 19세기 후반에 영국, 미국, 프랑스 등 8개국이 중국을 침략하는 근거지로 삼았던 외국인 거주지

은 자신을 믿어 주고 잠자리까지 마련해 준 김혜숙 덕분에 안정된 생활을 하고 있었지만 속마음을 말할 수 없어서 답답했다. 김혜숙의 집으로 온 지 닷새째 되는 날 김혜숙이 학철에게 제안했다.

"오늘 날씨도 좋은데 걸어서 홍구 공원(홍커우 공원, 현 노신 공원)에 갈까요?"

"저도 그곳에 꼭 한번 가고 싶었는데, 좋습니다!"

학철이 환하게 웃자 김혜숙 역시 생긋 웃으며 말했다.

"왜 홍구 공원에 가고 싶은 거죠?"

학철은 기다렸다는 듯이 대답했다.

"윤봉길 의사가 일본군을 향해 폭탄을 던진 곳이니까요. 조선인이라면 당연히 가고 싶은 거 아닌가요?"

김혜숙은 대답 없이 미소를 지었다.

다음 날에도 아침을 먹고 차를 마시며 두 사람은 진지한 대화를 이어갔다.

"상해에 온 진짜 이유를 알고 싶어요. 학철 학생을 지켜보면서 느낀 것이 있어서 그래요."

학철은 잠시 머뭇거리다 김혜숙에게 털어놓았다.

"사실은 공부하러 상해에 온 것이 아닙니다. 거짓말해서

죄송합니다. 임시 정부를 찾아왔습니다."

"임시 정부를요? 거기는 왜 가려고 하죠?"

"저도 독립을 위해 힘을 보태고 싶습니다!"

"이 답답한 사람아…!"

김혜숙은 학철의 어깨를 치더니 어이없다는 듯 먼 곳을 보고 웃었다. 그리고 고개를 돌려 학철을 보며 단호한 목소리로 말했다.

"임시 정부를 찾아와 독립을 위해 헌신하려 한 마음은 알겠어요. 그런데 임시 정부는 지금 상해에 없습니다. 윤봉길 의사의 폭탄 의거로 일본의 탄압이 심해져 항주(항저우)로 옮겼어요. 지금은 임시 정부가 상징적인 존재일 뿐입니다. 예전의 모습을 찾으려면 시간이 필요할 겁니다. 학철 학생 실망이 클 텐데 어떡하죠?"

"…."

김혜숙의 설명을 들은 학철은 눈앞이 캄캄해졌다. 당황한 나머지 그 어떤 대답도 할 수 없었다. 어머니와 동생들을 버리다시피 하고 힘들게 찾아온 상해에 임시 정부가 없다는 사실을 믿기 힘들었다. 앞으로 어떻게 해야 할지 난감해졌다. 하루 종일 이런저런 생각에 빠져 창밖만 바라보았다.

임시 정부를 향한 야반도주

홍구 공원에 다녀온 뒤 고민하던 학철은 이른 새벽 항주로 떠날 준비를 했다. 상해에 임시 정부가 없다는 걸 알게 된 이상 이곳에 머물 이유가 없었다. 무엇보다 더는 신세를 지기 싫었다. 도움받은 일에 대해서는 보답을 하고 싶었던 학철은 가지고 있던 돈에서 10원(현 600,000원)을 떼어 봉투에 넣었다. 봉투 앞면에는 어머니가 고등보통학교 입학 기념으로 사 준 만년필로 정성껏 써 내려갔다.

김혜숙 선생님.
그동안 부족함 없이 머물게 해 주셔서 진심으로 감사했습니다.
조국이 독립되는 날 꼭 다시 뵙기를 바랍니다.
-김학철 올림

학철은 김혜숙이 깨면 볼 수 있게 그녀의 방문 틈으로 편지를 살짝 밀어 넣었다. 교복을 입고 가방을 든 학철은 조심스럽게 계단을 내려갔다. 나무 계단은 밟을 때마다 삐걱 소리가 나기 때문에 빨리 내려가면 자던 사람들이 깰 정도였다. 학철은 들키지 않게 숨을 참으며 한 걸음 한 걸음 천천히 내려갔다. 다행히 큰 소란 없이 현관문을 열고 밖으로 나온 학철의 눈앞에 김혜숙이 서 있었다. 언제부터 있었는지 모를 그녀는 단호하게 물었다.

"기어이 임시 정부로 가려는 건가요?"

"아닙니다! 저는 아무 일도 안 하고 신세 지는 것이 죄송해서 숙소를 옮기려고 했습니다."

보살펴 준 은혜도 모르고 도망치다 들킨 것 같아 무안함을 감추려 학철은 애써 태연하게 대답했다.

"학철 학생처럼 독립을 위해 이곳에 왔다가 뜻도 이루지 못하고 하루살이처럼 목숨을 잃는 일이 많습니다. 독립을 위해 일하는 단체는 상해에도 얼마든지 있습니다. 조국에 헌신하는 게 목표라면 소개할 곳이 있어요."

김혜숙은 이전과는 다른 진지한 목소리로 앞을 가로막았다.

'무시하고 길을 떠날 것인가? 아니면 김혜숙의 말을 따를 것인가?'

보고 듣는 것 어느 한 가지 확실한 건 없고, 어렵게 얻은 정보가 하루아침에 바뀌는 이곳에서 누구를 믿어야 할지 고민스러웠다. 그때였다.

"내가 며칠 동안 학철 학생을 지켜보면서 한번 마음 먹은 건 쉽게 바꾸지 않을 거라는 것쯤은 압니다. 하지만 나는 학철 학생이 현실적으로 행동하기를 바랍니다. 학철 학생은 똑똑하기 때문에 올바른 선택을 할 거라 믿습니다."

김혜숙의 진심 어린 조언에 학철은 아무 말도 못 하고 고개를 떨구고 말았다. 김혜숙은 학철의 가방을 뺏어 들었다. 그리고 학철에게 다시 들어오라는 손짓을 하며 말했다.

"독립운동을 하려면 중국어와 영어도 배워야 해요. 오늘부터 진짜 공부를 해야죠. 어서 들어와요!"

2장

독립운동가, 김학철

독립운동에 뛰어들다

(1935~1945)

독립운동을 위한 첫걸음

학철은 그날부터 중국어와 영어 공부에 매달렸다. 중국어는 김혜숙이 소개한 심성운이라는 남자에게서 배웠다. 영어는 김혜숙과 송일엽이 번갈아 가르쳤다. 학철은 밤낮으로 열심히 외국어를 익혔다. 밤을 새워 책을 읽고 모르는 단어가 나오면 사전에서 찾아서 외우고 또 외웠다. 길을 걸으면서도 중국어나 영어 간판이 나오면 읽어 보았다. 매일 손에 든 단어장을 보면서 실생활에 필요한 말과 글을 열심히 익혔다.

학철은 상해에 온 첫날 아무것도 몰라 일본인이 운영하는 고급 여관에 간 일이나 중국 여관에서 말을 알아듣지 못해 되물었던 일이 생각났다. 국제도시인 상해에 오면서 중국어나 영어도 못 하면서 무슨 용기로 온 건지 지금 생각해도 무모했다. 외국어 공부에 매달린 지 6개월이 되자 학철은 중국어와 영어로 일상생활에 필요한 대화를 할 수 있을 정도가 되었다.

'학교 공부를 이렇게 했으면 우등생이 돼서 어머니를 기쁘게 해드렸을 텐데.'

중국어와 영어를 배우게 된 학철은 신문도 보고, 읽을 수 있는 책의 범위가 더 넓어져 비로소 세상이 변화하고 있음을 알게 되었다. 국제 정세나 아시아 전체를 식민지로 만들려는 일본의 의도를 더 정확하게 알게 되자 독립에 대한 의지는 점점 더 강해졌다.

그러던 어느 날 학철에게 중국어를 가르치기 위해 늘 같은 시간에 오던 심성운이 약속 시간보다 조금 늦게 도착했다. 학철은 다른 날과 다르게 다급한 표정의 심성운을 보면서 미안한 마음이 들었다.

"선생님, 바쁘시면 다음에 오셔도 되는데 이렇게 와 주셔서 감사하고 죄송합니다. 혹시라도 제가 도울 일이 있으면 말씀해 주십시오. 가르쳐 주신 은혜에 보답하고 싶습니다."

심성운은 예상치 못한 학철의 말에 잠시 생각에 잠겨 깊은숨을 내쉬더니 빠르게 말을 이어갔다.

"학철 군, 이제 중국어로 의사소통하는 데 문제없으니, 우리와 함께 독립운동의 최선선에 나서지 않겠소? 조선 민족 혁명당에 가입해서 함께 싸웁시다."

중국어를 잘하는 조선인으로만 알고 있던 심성운에게 이런 말을 듣게 될 줄 몰랐던 학철은 잠시 당황했다. 하지만 독립을 위해 목숨을 걸겠다는 각오를 한 학철에게는 기다리던 반가운 제안이었다.

"좋습니다. 저는 언제든 준비가 됐습니다. '조선 민족 혁명당'이라면 의열단을 중심으로 만들어진 독립단체로 알고 있습니다. 이 한목숨 조국의 독립을 위해 바칠 수 있다면 죽어도 여한이 없습니다."

학철의 결심을 들은 심성운은 학철을 꼭 안아 주었다.

"반갑소. 동지! 이제부터 동지는 조선 민족 혁명당 대원이요. 학철 동지가 가입할 수 있게 추천하겠소."

의열단 1919년 11월 만주 지린성에서 조직된 항일 무력 독립운동 단체

실망스러운 첫 임무

조선 민족 혁명당 행동대에 가입한 학철을 기다리는 건 상상하던 멋진 모습과는 달랐다. 갓 들어온 학철이 하는 일은 간단한 잔심부름 정도였다. 학철은 작고 사소한 일도 독립에 보탬이 된다고 생각하고 매 순간 완벽하게 처리하려고 노력했다. 그런 학철을 유심히 지켜본 노철용 대원이 일본 경찰에게 독립군 정보를 넘긴 첩자를 처단하는 작전에 학철을 포함시켰다. 학철은 드디어 독립을 위한 작전에 나선다는 사실에 기뻐했다.

"열심히 하겠습니다. 무슨 일이든 시켜만 주십시오!"

"학철 대원은 내가 거사를 치르는 동안 밖에서 나팔을 불면 됩니다. 내가 쏜 총소리가 나팔 소리에 묻히게 하는 것이 학철 대원의 첫 임무요."

"네? 나팔만 불라고요? 저도 총을 쏘는 게 아닌가요?"

패기 넘치는 학철에게 주어진 역할은 실망스러웠다. 원래 처음 임무에 나서는 초임자에게 총을 주는 법은 없었다. 많은 실전 경험을 쌓은 후에 비로소 총기나 폭탄을 사용할 수 있었다.

거사는 주로 낮에 이뤄졌다. 밤에는 총소리가 크게 울려 위치가 노출되기 쉬웠기 때문에 오히려 사람들이 활동하느라 시끌벅적한 대낮에 총소리를 다른 소음으로 덮는 방법을 택했다.

첩자가 사는 곳을 알아낸 날, 노철용 대원은 학철을 불러 다시 한번 계획을 설명했다.

"내가 이층으로 가면 학철 대원은 나팔을 최대한 큰 소리로 부시오. 그리고 내가 내려오면 나와 함께 그 자리를 떠나기만 하면 되는 거요. 학철 대원은 잘할 수 있을 거요."

학철은 첫 임무를 반드시 완수해야 한다는 긴장감에 밤잠을 설쳤다. 드디어 기다리던 결전의 아침이 왔다. 학철은 노철용 대원, 서각 대원, 안창손 대원과 함께 첩자가 사는 집에 도착했다. 노철용 대원의 지시에 따라 안창손 대원은 뒷문을 지키고 노철용 대원은 서각 대원과 이층으로 향하며 손을 들어 학철에게 나팔을 불라는 신호를 보냈다.

"뿌우, 뿌, 뿌!"

학철은 노철용 대원의 신호에 맞춰 힘차게 나팔을 불었다. 나팔 소리가 나자 다른 골목에서 딱지치기하던 동네 아이들이 신기한 구경거리라도 생긴 줄 알고 몰려들었다. 박

자나 리듬도 없이 마구 불어 대는 나팔 소리가 신기하고 우스운지 아이들이 점점 더 많이 모여들었다. 학철의 마음은 '저리 가!' 하고 소리라도 지르고 싶었으나 임무를 위해 눈을 감고 더 크게 나팔을 불어 댔다.

"뿌욱 뿍! 뿌뿌뿍!"

학철이 한참 나팔을 불고 있던 그때였다. 머리 위에서 '쿵!' 소리가 났다. 학철이 쳐다보니 웬 남자가 이층 창문을 열고 바닥으로 뛰어내려 빠르게 달아나기 시작했다. 학철은 그 남자가 뛰는 것을 보면서도 열심히 나팔을 불고 있었다.

"멍청아! 그만 불어. 그만 불라고!"

소리치는 노철용 대원 머리에서 뜨거운 김이 모락모락 올라오고 있었다. 노철용 대원은 학철의 등을 툭 치고는 그자의 뒤를 빠르게 쫓았다. 곧바로 서각 대원도 학철을 지나 그자가 달아난 곳으로 뛰어갔다. 학철은 나팔을 불라는 임무에 집중하느라 갑자기 일어난 돌발 상황에 대처하지 못했다.

알고 보니 노철용과 서각이 방으로 들어선 순간 첩자는 탁자 위에 있던 뜨거운 물이 담긴 보온병을 던졌다. 뜨거운 물벼락에 놀라 노철용과 서각이 주춤하자, 첩자는 그 틈을 타 열린 창문으로 몸을 날려 달아난 것이었다. 학철은 자신

의 실수로 일을 망친 것 같아서 한동안 대원들 얼굴을 쳐다보지도 못했다. 며칠 후 서각 대원이 집요한 추적 끝에 첩자를 암살했다는 소식에 학철은 그제야 마음에 담아 두었던 말을 할 수 있었다.

"제가 그때 불던 나팔을 던지고 그자를 덮쳐야 했는데 빨리 판단하지 못한 제 잘못이 큽니다. 실수를 만회할 기회를 주시면 이번에는 반드시 성공하겠습니다."

"원래 모든 일이 계획대로 되지는 않습니다. 그래서 경험이 중요한 거지요. 앞으로 더 많은 훈련을 하고 실전 경험을 쌓으면 학철 대원도 강해질 거요."

노철용 동지가 학철의 어깨를 다독이며 위로해 주었다. 학철은 그렇게 독립운동의 길에 들어섰다.

황포 군관 학교

시간이 지날수록 암살, 관공서 파괴 등의 폭력 투쟁은 한계를 드러내기 시작했다. 폭력 투쟁은 조선 민중의 가슴을 후련하게 해 주었으나 엄청난 희생을 치르면서 얻는 효과는 너무 적었다. 용감하고 유능한 인재를 잃으며 하는 투쟁을 좀 더 체계적으로 바꿔야 했다. 개인적인 투쟁을 조직적인 투쟁으로 전환하기 위해 중국 내의 군관 학교에 입학하자는 의견이 많았다. 군관 학교에서 군사 이론과 전쟁에 필요한 실전을 체계적으로 익혀 우리만의 군대를 조직하자는 의견이었다.

의열단 단장 김원봉은 조선 청년들을 모아 군대를 창설하여 우리나라를 되찾는 목표를 세웠다. 김원봉은 중국 정부와 협상을 통해 조선 청년들을 황포 군관 학교에 입학시켜 정규 군사 훈련을 받게 했다.

학철은 다른 지역에서 온 대원 50여 명과 함께 1937년 9월에 군관 학교에 입학하여 조국의 독립이라는 같은 꿈을 꾸게 되었다. 학철은 제1대대 제2중대에 편입되었고 태어나 처음으로 장총을 받았다. 훈련은 힘들었지만, 조국 독립에 한 발 더 다가서는 기분이 들었다. 당시 장개석(장제스) 교장은 학생들에게 급여도 지급하고 세탁 등 다양한 편의를 제공해서 학생들은 불편 없이 생활할 수 있었다.

학교생활은 오전 4시간은 강당에서 이론 수업을 받고, 오후 4시간은 연병장에서 군사 훈련을 받는 순서로 진행됐다. 시간이 지나고 이들에 대한 소문이 나면서 학철과 같은 꿈을 꾸는 조선인 청년의 수가 자꾸 늘어났다. 황포 군관 학교 설립 초기부터 조선인이 입학하여 군사 훈련받는 것을 눈엣가시처럼 여기던 일본은 중국 정부에 항의했다.

"우리 국민들을 대대적으로 군사 교육하는 이유가 뭔가?"

당시 중국은 일본과 정상적인 외교 관계를 맺고 있어 이러한 외교 질문에 마땅한 대답을 하기 위해 고민했다.

결국 장개석 교장은 일단 조선인 학생 전부를 학교에서 내보내겠다며 제적 처리했다. 하지만 다음 날 제적 처리한 조선인 학생 전원의 재입학을 명령하고 다음과 같은 지령을 내렸다.

첫째, 이름을 전부 새로 바꿀 것.
둘째, 본적지는 모두 만주로 바꿀 것.

조선 학생들이 서류상으로 중국인이 되면 일본 정부도 더 이상 참견할 수 없을 것이 분명했다.

일본의 야욕은 끝이 없었다. 만주를 차지한 것도 모자라 남경(난징)까지 점령하며 본격적으로 중국 내륙을 침략하자 황포 군관 학교는 호북성(후베이성) 강릉(징저우)으로 자리를 옮겼다. 그리고 조선인 학생들로만 구성된 독립 중대를 만들었다. 이들을 교육하는 교관도 중국 장교와 독일 교관 외 네 명의 조선인 교관을 두었다. 김두봉은 '한글'과 '조선 역사', 윤세주는 '조선 독립운동사', 왕지연은 '마르크스 경제학', 왕웅은 '중국 혁명사'를 가르치고 나머지 과목은 중국인 교사가 맡았다.

하루 종일 힘든 훈련이 이어졌다. 특히 무거운 배낭을 메고, 허리에는 큰 칼을 찬 채 긴 장총을 든 완전 군장 상태로 연병장을 달리는 일은 모두에게 고된 훈련이었다. 이때 동기인 문정일은 완전 군장의 무게를 조금이라도 줄이고자 칼은 침대 밑에 숨기고 칼집만 차고 나와서 뛰기 시작했다. 그것을 알아 본 학철이 문정일에게 속삭이듯 말했다.

"정일아, 교관에게 들키면 어쩌려고?"

"들키긴 왜 들켜? 너도 나처럼 해 봐.

얼마나 편한데. 이 바보야."

문정일은 학철이 시도할 생각도 못 할 대범한 행동을 하면서도 늘 여유가 넘쳤다. 복잡한 전술 이론을 배우는 수업 시간에는 교관의 질문에 엉뚱한 대답을 해서 모두를 웃기기도 하는 등 도무지 훈련에는 관심이 없어 보이는 학생이었다. 자기 일을 빈틈없이 하는 학철의 성격과 잘 맞지 않았지만, 문정일은 훗날 조선의용대가 태항산(타이항산)으로 갈 때 결정적인 역할을 했다. 그 후에도 학철이 위기를 맞을 때마다 나타나 도움을 주었다. 이 시기 인연으로 학철과 문정일은 인생의 마지막 날까지 우정을 나누는 사이가 됐다.

조선의용대의 탄생

학철과 함께 입학한 조선인 학생들은 황포 군관 학교의 모든 과정을 마치고 드디어 졸업했다. 졸업을 한 다음 날 학철을 포함한 조선인 대원 전원은 본격적인 독립운동을 하기 위해 기선을 타고 악양(웨양)을 거쳐 무한(우한)에 있는 대공 중학교에 도착해 짐을 풀었다. 일본의 잦은 공습으로 휴교 상태인 학교에 머물기로 한 것이다. 그러나 학교 기숙사 침대에서 오랫동안 굶주려 있던 빈대로 인해 대원들은 온몸을 긁느라 잠을 잘 수가 없었다.

"아이고, 이놈의 빈대가 사람 잡네!"

"일본군보다 빈대가 더 무서운 거 아니야?"

"긁지 마! 긁으면 더 가려워!"

학철도 빈대와 싸우며 뜬 눈으로 아침을 맞았다. 모두가 지치고 피곤한 이때, 대원 일부가 어서 일본군을 공격하러 가자고 의견을 냈다.

"우리가 이런 곳에서 빈대랑 싸우려고 그 힘든 훈련을 받은 거요? 내일이라도 일본군을 혼내 주러 갑시다!"

"그래, 좋소! 나도 가겠어!"

갑작스러운 제안이었지만 상당수 대원이 동조했다.

"급하게 서두르면 안 됩니다. 여기에 머물면서 제대로 계획을 세워야 합니다."

더 많은 독립운동 세력을 모아 지금보다 큰 규모의 군대를 만들자는 의견을 내는 대원들도 있었다. 하지만 혈기를 주체하지 못해 빨리 전투를 벌이자는 사람들의 목소리가 더 컸다.

"그럼 언제까지 여기에 있으라는 말이오? 내일, 다음 주, 다음 달? 우리는 그렇게는 못 합니다. 어서 나가서 일본군과 싸웁시다!"

학철은 물론 모든 대원의 마음은 지금이라도 압록강을 건너 조국으로 향하고 싶었지만, 현재 병력으로는 불가능한 일이었다.

"제발 흥분을 가라앉히고 이성적으로 행동합시다. 지금 나가면 이제까지 노력한 일이 모두 허사가 됩니다."

학철이 말렸지만 결국 50여 명의 대원들은 짐을 챙겨 나갔다. 적군보다 무서운 내부의 분열이었다. 학철은 남아서 지금보다 더 힘을 키우기로 했다. 무엇보다 일본과 싸워야 할 동포끼리 작은 이권이나 사상 차이로 힘을 겨루는 일에 학철은 관심이 없었다.

　김원봉, 윤세주, 유자명 등 지도자의 노력으로 1938년 10월 10일 조선 민족 혁명당이 중심이 되어 조선 청년 전위 동맹, 조선 혁명자 연맹, 조선 민족 해방 동맹 등 반일 단체와 조선 민족 전선 연맹을 결성하고 조선의용대를 탄생시켰다. 조선의용대는 당시 중국 당국이 공식적으로 인정한 우리 민족 최초의 정규 항일 무장 단체였다.

　조선의용대 발대식에 참가한 사람은 200명 정도였는데 실제로 군복을 입고 참여한 대원은 150명이었다. 대원 중에는 김위라는 여성 대원도 있었다. 김위는 당시 중국에서 '영화 황제'로 불리던 김염의 동생이었다. 김위 가족은 모두 독립운동을 하고 있었는데 김위 역시 가족의 영향을 받아 창립 대원으로 조선의용대에 입대한 것이다.

　가슴에는 한글로 '조선의용대'라고 선명하게 써진 부대 표시를 달았다. 마음은 이미 일본군과 싸우는 전선으로 향하고 있었다. 조선의용대는 재빠르게 3개 지대로 조직을 구성했다. 총대장에는 김원봉이 임명되었다. 학철은 제1지대에 소속되어 호남성(후난성)에 배치되었다. 조선의용대가 본격적으로 활동할 즈음 무한이 일본군의 공격으로 위태로운 상

中韓兩民族聯合起

황이었다. 공중에서 중국과 일본의 전투기가 격전을 벌일 때면 모두가 마음을 졸이며 하늘을 쳐다봤다. 그러다 일본 전투기가 격추된 것이 확인되면 학철과 전우들은 환호했다.

조선의용대는 중국 부대와 함께 무한을 지키기 위해 노력했지만, 강력한 무기를 앞세운 일본군에게 밀리는 상황이었다. 그러나 조선의용대는 순순히 무한을 떠날 생각이 없었다. 무한을 포기하고 후퇴하기로 결정되자 조선의용대는 거리 곳곳을 누비며 건물 외벽이나 담장에 일본군이 보면 사기가 떨어지는 일본어 문구를 콜타르와 페인트로 쓰고 다녔다.

"병사들은 전선에서 피를 흘리고 재벌들은 후방에서 사치를 누린다."

"병사들의 피와 목숨은 장군들의 훈장."

"일본군 병사들이여, 당신들은 속아서 이 전쟁에 참여했다. 장교들을 처단하고 정의의 품으로 찾아가라."

"부모 형제들이 기다린다. 그리운 조국으로 돌아가라."

"일본 형제들이여, 무도한 상관에게 총부리를 돌려라."

일본군이 근처까지 몰려와 목숨이 위험한 상황에서 이런 일을 벌이자, 중국인들은 조선의용대의 용기에 찬사를 보냈다. 학철은 누구보다 열심히 일본군에 저항하는 문구를 쓰고 또 썼다. 이러한 장면은 중국의 문호 곽말약의 항전일기 《홍파곡》에 생생하게 남아 있다.

콜타르 석탄에서 나오는 기름 상태의 끈끈한 검은 액체

치열했던 호가장 전투

태항산으로 이동한 조선의용대 대원들은 중국 팔로군과 힘을 합쳐 일본군과 싸웠다. 조선의용대는 총을 들고 싸우는 전투는 물론 한·중·일 3국 언어를 잘해 일본군의 심리를 자극하는 역할을 도맡아서 했다. 일본군 입장에서는 일본어로 심리전을 펼쳐 군인들의 사기를 떨어뜨리는 조선의용대가 눈엣가시였다. 학철과 그의 전우들은 깊은 밤 일본군 부대 가까운 진지 앞까지 기어가 수류탄을 터트려 잠을 자던 일본군을 깨운 뒤, 일본인이면 다 아는 슬픈 민요를 확성기를 통해 들려주었다. 파시즘에 반대하는 일본인 여성 포로가 직접 부르는 노래였다. 일본군은 폭탄이 터지는 소리에 놀라고 짜증이 난 상태에서 노래를 들으니 가족과 고향 생각이 나고 전의를 잃었다.

1941년 12월 12일 새벽, 학철과 조선의용대 대원들은 전날 흑수하(헤이수이허)에서 일본군과 전투에서 승리한 후, 부대가 주둔하고 있는 호가장(후쟈좡)으로 돌아왔다. 호가장

파시즘 제1차 세계 대전 이후 나타난 극단적인 전체주의 정치 이념

은 태항산 남쪽 산기슭에 자리하고 있는 마을이었다. 조선의용대와 팔로군, 호가장 마을 사람들은 모닥불을 피우고, 춤추고 노래하는 자리를 만들었다.

"매일 이번처럼만 싸우면 일본 놈들로부터 우리나라를 되찾는 것은 시간문제다! 우리 모두 승리를 축하하는 의미로 대한독립 만세를 외치자!"

"대한독립 만세! 대한독립 만세! 대한독립 만세!"

학철과 동료 대원들은 태극기를 머리 위로 휘날리며 큰 소리로 우리의 다짐을 외쳤다. 당시 조선의용대가 공식적으로 사용한 깃발은 태극기였다. 계속되는 전투에 지쳐 있던 학철과 대원들은 그동안 노력한 결과를 눈앞의 승리로 확인하자 감격했다. 승리의 기쁨은 컸다. 하지만 어떤 일이 벌어질지 모르는 전쟁터에서 계속 노래하고 춤을 추며 밤을 새울 수는 없었다. 조선의용대 대원들은 흥분을 가라앉히고 모닥불 주위에 모여 앉아 무용담을 주고받기 시작했다. 사격 솜씨가 좋은 박철동 대원이 먼저 분위기를 이끌었다.

"오늘처럼만 정신 바짝 차리고 싸운다면 아마 조선의용대 이름만 들어도 일본군들이 무서워서 도망갈걸?"

대원 중에서 가장 힘이 센 한청도 대원도 기세등등한 목소리로 말했다.

"다음에는 우리가 먼저 일본군 부대를 쳐들어가서 혼내 주고 올까? 조선의용대의 용맹함을 알리고 원수를 갚아 주자!"

그러자 학철이 벌떡 일어나며 큰 소리로 외쳤다.

"조선의용대 만세! 대한독립 만세!"

대원들도 따라 일어나 크게 외쳤다.

조선의용대 대원들은 희망에 부풀어 두려운 것이 없었다. 학철도 대원들과 함께 하늘을 향해 힘껏 함성을 질렀다. 학철과 조선의용대 대원들은 승리의 달콤함에 젖어 이 순간이 끝나지 않기를 바랐다. 그때 김세광 대장이 일어나 말했다. 김세광은 학철의 황포 군관 학교 동창이자 가까운 친구였다.

"그만! 이제 그만! 자야 할 시간이 한참 지났다. 대원들 기분은 이해하지만 앞으로 더 많은 전투를 치러야 한다. 오늘 기억은 가슴에 간직하고 내일을 준비하자!"

김세광 대장의 지시에 학철과 대원들은 아쉬운 마음으로 자리를 정리하고 숙소로 향했다. 온종일 걷고 산을 타고 적과 싸운 동료들은 피곤하다는 핑계로 씻지도 않고 흙바닥에 몸을 뉘였다. 학철도 바로 눕고 싶었지만 찬물로 얼굴을 씻었다. 한겨울 추위에 정신이 번쩍 들며 잠이 다 달아났다. 전우들 사이에 누워도 잠은 오지 않았다. 학철은 다시 일어나 창밖의 달을 보며 생각했다. 왜 목숨을 걸고 싸우는 전쟁터에서 자꾸 어머니 생각이 나는지 묘한 기분이 들었다. 어머니에게 무슨 일이 생긴 건 아닌지 걱정이 되었다. 그는 등잔 밑에 엎드려 펜을 들고 편지를 쓰기 시작했다.

어머니 전 상서

　어머니 그동안 건강하셨는지요?
　엄동설한에 어떻게 지내고 계시는지요? 어머니와 성자, 성선이가 추운 겨울에 얼마나 고생이 많을지 염려됩니다. 어머니를 편안하게 잘 돌봐 드려야 할 장남이 먼 타국에 있어서 늘 죄송한 마음에 소식을 자주 전하지 못하는 저를 꾸짖어 주십시오.
　제가 경성을 떠날 때 보통학교에 다니던 철부지 동생들은 학교에 잘 다니고 있는지도 궁금합니다. 한창 돌봐줄 일이 많은 동생에게 다정한 오라버니가 되어 주지 못한 것도 죄스러운 마음입니다. 저는 어머니가 걱정해 주신 덕분에 건강하게 잘 지내고 있습니다. 하나밖에 없는 아들이 그것도 독립운동에 참여한다고 하니 어머니께서 걱정이 많으신 줄 압니다. 혹시라도 저 때문에 일본 순사들에게 고초를 겪고 계신 건 아닌지도 걱정입니다. 죄송하게도 저는 이곳에서 밥도 잘 먹고 잠도 잘 자면서 편안하게 생활하고 있습니다.
　어머니가 생각하시는 위험한 전투에는 참여하지 않습니다. 걱정 마시고 동생들과 조금만 더 참고 기다리시면 하루빨리 경성으로 돌아가 어머니께 그동안 못한 효도하며 가족들과 행복하게 살겠습니다. 어머니, 오늘따라 유난히 어머니가 보고 싶습니다. 겨울이면 만들어 주신 동태순대도 먹고 싶습니다. 제가 오늘따라 괜한 소리를 해서 어머니께서 걱정하신다면 이 또한 죄송합니다. 하지만 오늘 밤에는 아기 때처럼 어머니의 포근한 품이 그립습니다.

어서 일본이 패망하고 우리 가족이 함께하는 날을 앞당기겠습니다.

그럼 안녕히 계세요.

1941년 12월 12일
불효자 학철 올림

학철은 어머니 생각에 머릿속이 어지러웠다. 조국의 독립을 위해 목숨을 바치기로 맹세했으면서도 어머니와 동생들 걱정이 밀려오면 마음이 불편해지는 자신의 나약함 때문에 괴로웠다. 학철은 쉽게 잠들지 못했다. 전투 중에 여기저기 부딪혔는지 온몸이 쑤셔 댔다. 모르고 지나갔던 통증이 뒤늦게 찾아온 것이다. 통증으로 이리저리 뒤척이던 학철은 눈을 가늘게 뜨고 밤하늘을 쳐다보았다. 내일 있을 전투에 나가려면 이제는 자야 했다. 학철은 두 눈을 꼭 감고 잠을 청했다.

'어서 자야 해. 그래야 내일 또 일본군과 싸우지. 걱정은 그만하고….'

겨우 잠에 든 학철은 어머니를 만나는 꿈을 꿨다. 그렇게 그리던 꿈속의 어머니는 성난 목소리로 외쳤다.

"학철아! 빨리 일어나! 정신 차려, 제발 눈떠! 학철아!"

"어머니! 어머니!"

학철은 호통치는 어머니의 목소리에 벌떡 일어났다.

학철이 눈을 뜨자마자 폭탄이 터지는 굉음과 함께 총알이 빗발쳤다.

"적의 습격이다!"

학철이 있는 힘을 다해 소리치자 모든 대원이 놀라서 깨어났다. 총알이 돌벽에 부딪혀 부스러기가 날렸다. 학철과 대원들은 항상 옆에 두고 자던 장총을 재빨리 움켜쥐었다. 빗발치는 총알 소리와 폭탄이 터지는 소리 때문에 귀에서 '윙' 소리만 났다.

계속되는 일본군의 공격에 조선의용대의 상황은 더욱 나빠졌다. 일본군은 조선의용대가 거주하는 마을을 둘러싼 채 수류탄을 던지고 기관총을 쏘면서 집중 사격을 하고 있었다. 학철과 대원들은 총소리가 나는 방향으로 총을 쏠 수밖에 없었다. 조선의용대의 위치를 정확히 알고 공격하는 일본군의 화력은 30여 명의 대원이 감당할 수 있는 수준이 아니었다.

"학철아! 내가 다른 대원들을 데리고 먼저 후퇴하겠다. 아니면 모두 전멸할 거야. 부탁한다."

"알겠어. 우리가 반드시 막을 테니 빨리 이곳을 떠나!"

김세광 대장은 학철과 그의 분대원에게 엄호를 명령한 뒤, 나머지 대원을 이끌고 마을 언덕길을 거슬러 퇴각하기 시작했다.

죽음을 각오한 학철과 분대원들은 산언덕으로 올라가는

어귀에서 일본군과 맞서 나머지 대원들을 살리기 위해 총신이 발갛게 달아오를 만큼 총을 쐈다. 학철과 분대원의 총알은 금방 바닥났다.

"분대장님! 총알이 다 떨어졌습니다!"

"저도 총알이 없습니다."

"어떻게 할까요? 기다리다 맨몸으로 싸울까요?"

총알도 없는 총을 들고 기다리다 일본군에게 목숨을 잃을 수는 없었다. 그때 일본군이 쏜 총알이 학철의 귓가를 스치며 지나갔다. '퍽' 소리와 동시에 학철 바로 앞에 있던 손일봉 대원이 비명을 지르며 쓰러졌다. 학철은 재빨리 손일봉 대원에게 달려갔다.

"정신 차려! 손일봉! 정신 차려야 살 수 있어!"

손일봉은 분대원 중 가장 용감하고 유능한 대원이었다.

"분대장님, 빨리 가세요. 적들이 몰려오면 분대장님도 위험합니다."

박철동, 한청도, 왕현순 대원은 학철을 피신시키려 했다.

"무슨 소리야! 죽어도 같이 죽고 살아도 같이 산다!"

"분대장님… 제가 죽으면 고향에 계시는 어, 어머…니…."

손일봉은 눈을 부릅뜬 채로 숨이 멎었다. 학철은 전우의 죽음에 자신도 모르게 분노가 폭발해 무서운 것이 없었다. 학철은 소리를 지르며 오던 길을 되돌아 뛰쳐나갔다.

"내가 너의 원수를 갚아 주마!"

일본군 부대를 향해 돌진하던 학철은 귀에 '퍽!' 하는 소리와 함께 왼쪽 다리에 쇠몽둥이로 맞은 듯한 묵직한 통증을 느끼며 힘없이 쓰러졌다. 학철이 넘어진 곳은 큰 돌덩이가 많은 곳이었다. 쓰러지면서 돌에 머리를 부딪힌 학철은 더 이상 총소리도 들리지 않고, 총알에 살이 뚫린 고통도 느껴지지 않았다.

"분대장님! 분대장님!"

쓰러진 학철을 보고 달려오던 남은 대원들도 적탄에 하나둘씩 쓰러졌다. 이날의 전투에서 손일봉, 박철동, 한청도, 왕현순과 그들을 지원하러 오던 열두 명의 중국 팔로군 전사가 희생되었다.

삶은 다시 이어지고

암흑 속에 갇혔다고 느꼈는데 한줄기 빛이 번쩍하는 동시에 눈이 떠졌다.

'죽은 줄 알았는데….'

학철은 천천히 주변을 둘러봤다. 한겨울 추위도 참기 힘든데 등짝이 떨어져 나갈 것처럼 아팠다. 산악 지대를 달리는 군용 트럭이 흔들릴 때마다 몸이 20~30센티미터 정도 공중에 떴다가 떨어지는 느낌이었다. 학철은 트럭 바닥에 누운 채 어디론가 가고 있었다. 점차 정신이 돌아오자, 총에 맞은 왼쪽 허벅지에서 통증이 느껴졌다. 큰 칼로 살을 베어 낸 듯한 아픔이었다. 열이 나서 그런지 옷이 땀으로 다 젖었다. 입술은 말라서 갈라지고, 갈증으로 목이 타서 죽을 것만 같았다.

학철이 도착한 곳은 조선인이 운영하는 개인병원이었다. 일본군이 지켜보는 가운데 의사는 학철의 바지를 가위로 자르고 상처를 살폈다.

"상처가 크고 염증이 심해서 빨리 수술하지 않으면 큰일 나겠습니다."

의사는 학철의 목숨이 위험한 상태라고 했다.

"소독하고 붕대나 다시 감아 주시오."

"그러면 이 사람은 죽는다고요! 수술해야 합니다."

학철을 데려온 일본군은 학철을 살릴 생각이 없었다. 일본군의 요청대로 간단한 처치만 받은 학철은 석가장(스쟈좡) 일본 헌병대 사령부로 옮겨졌다. 침대에서 일어나거나 걸을 수도 없는 학철은 사령부 이층 서쪽 끝 방에 갇혔다. 갇혔다고 하나 학철이 일어나서 움직일 수 없다는 걸 알고는 문도 잠그지 않았다. 학철은 하루 종일 누워서 먹고 자는 것이 일과였다. 총에 맞은 상처는 점점 악화되고 있었다. 학철의 상처를 소독하기 위해 이틀에 한 번 위생병이 학철의 방에 들어왔다.

"내가 어째서 이런 더러운 불령선인을 치료해야 해? 더러운 피고름을 왜 만져야 하냐고!"

위생병은 매번 인상을 찌푸렸다. 때로는 학철을 비난하고 비웃기까지 했다.

"딴 놈들은 파상풍에 걸려 살도 죽는데 버티는 네놈을 보니 결국 총살이나 당하겠네. 그때까지 잘 살아 있어라."

며칠 후 학철이 갇힌 방에 심문을 담당하는 야마모토와 깨끗한 일본 군복을 입은 젊은 군관이 들어왔다. 학철은 젊은 군관을 보고 깜짝 놀랐다.

"아니, 이게 누구야? 유빈 아니야?"

유빈은 조선의용대 전우였다. 야마모토는 놀란 학철의 말을 가로막으며 별일 아닌 것처럼 비아냥댔다.

"정보관으로 부임한 신용순 군이다. 독립운동이나 하는 너희 같은 바보들이랑은 달라! 아주 똑똑하고 유능한 정보원이다. 너도 대일본제국의 신민으로 충성을 맹세하면 다친 다리도 수술해 주고 가족과 편안하게 살 수 있도록 해 주겠다. 생각할 시간을 주지."

학철은 온 세상이 멈춘 것 같은 기분을 느꼈다. 유빈은 끝내 학철과 눈을 마주치지 못했다.

몇 주 후 헌병대의 초기 심문이 끝난 학철은 헌병대 사령부 바로 옆 건물인 일본 영사관 구치소로 이감되었다. 그런데 어느 날 구치소 문이 열리더니 새로운 포로가 압송돼 왔다. 조선의용대 전우인 마덕산이었다. 마덕산은 죽은 줄 알았던 학철이 살아 있는 걸 보고 반가워했다. 마덕산은 유빈의 밀고로 북경에서 체포된 것이었다. 그리고 역시 유빈의 계략으로 이후 북경 일본 영사관 구치소에 압송되었다. 마덕산이 북경으로 떠나면서 학철에게 건넨 쪽지에는 다음과 같이 적혀 있었다.

"학철아, 유빈이 때문에 내가 체포되고 총살당한다. 원수를 갚아다오."

쪽지는 학철의 눈물로 다 젖어 버렸다. 이후 마덕산은 북경에서 이육사와 함께 감방에 갇혔다가 같은 형장에서 총살당했다. 그의 죄명은 군사 정탐죄였다.

총에 맞은 상처는 몇 달이 지나도 나아지지 않았다. 상처 부위에서 계속 고름이 흘러나왔다. 누워만 있어서 그런지 다친 다리의 무릎 관절이 전혀 구부러지지 않았다. 학철은 살고 싶었다. 살아남아서 조국의 독립을 위해 힘을 보태고 싶었다. 불굴의 의지로 매일 걷기 연습을 했다. 얼마 후 학철은 목발을 짚고 한쪽 다리만으로 걸을 수 있었다.

학철은 석가장 일본 영사관 구치소에 감금된 지 열 달이 지나서야 예심을 받을 수 있었다. 예심 판사는 학철에게 '치안 유지법 위반'을 적용하였다. 판결을 순순히 받아들인 학철은 목숨을 구걸하면서 구차하게 사는 것보다 명예로운 죽음을 생각했다.

치안 유지법 1925년에 일제가 반체제 운동을 탄압하기 위하여 만든 법

열차에서 이루어진 7년 만의 만남

학철은 예심에서 '치안 유지법 위반' 죄가 확정되자 일본으로 압송되어 정식 재판을 받게 되었다. 학철을 일본으로 압송하는 일은 '가네다'와 '호데이야'라는 두 명의 순사가 맡았다. 북경에서 부산까지 열차를 타고, 부산에서 일본까지는 배를 타고 이동하는 3박 4일간의 긴 여정이었다. 두 명의 순사는 학철에게 가족 관계가 어떻게 되는지 등 이것저것 물어봤고 이따금 농담도 던지곤 했다. 학철과 대화를 나누며 학철에게 동정심이 생겼는지 열차가 천진에 도착해서 잠시 멈춘 사이 가네다 순사가 학철의 누이동생에게 전보를 보냈다.

> 죄를 지어 일본으로 압송되는 오빠(김학철)를 만나려면
> 내일 오후 경성에서 부산으로 가는 열차를 탈 것

열차로 돌아온 가네다 순사는 웃으면서 학철에게 전보를 보낸 사실을 전했다.

"내가 경성에 있는 동생에게 전보를 보냈으니 아마 내일

이면 오랜만에 가족을 만날 수 있을 거야. 그러니 오늘 밤은 좋은 꿈이나 꿔 둬."

학철은 생각하지도 못한 기쁜 소식에 놀라 자리에서 벌떡 일어설 뻔했다.

"이 은혜는 절대 잊지 않겠습니다. 정말 감사합니다."

학철은 어머니와 동생을 본다는 생각에 잠시 들떴으나, 아픈 다리를 어떻게 감출지 다시 걱정이 됐다. 다음 날 점심 무렵이 되자 학철이 탄 열차가 경성역에 도착했다. 미리 도착해서 기다리던 학철의 어머니와 여동생이 열차에 올라탔다. 가네다와 호데이야 순사는 슬그머니 자리를 피해 주었다. 먼저 달려온 성선이는 오빠를 부둥켜안고 울음을 터뜨렸다. 학철은 어머니를 보며 눈인사를 건넸다.

"몸은 좀 어떠냐? 다리를 다쳤다면서 상처는 다 아물었니?"

학철은 어머니의 손을 잡고 대답했다.

"괜찮습니다, 어머니. 걱정하지 마세요. 이젠 거의 다 나았습니다."

학철이 꿈에서도 그리던 어머니인데 하고 싶은 말이 떠오르지 않았다.

어머니는 학철의 대답을 듣고는 말없이 창밖을 바라보다 한숨을 길게 쉬고 말했다.

"그만하길 다행이다. 그럼 됐다."

열차는 다시 달리기 시작했다. 어머니와 7년 만에 만난 어색함도 잠시, 학철은 옛날 일을 사과하고 싶었다.

"어머니, 그때 제가 학비에 손을 대서 중국으로 간 일은 지금도 죄송한 마음입니다."

그러나 어머니의 마음은 달랐다.

"네가 다 가지고 가지 않고 남겨 둔 것이 한스러웠다."

"죄송합니다. 어린 동생들만 남기고 저 혼자 집을 나와서…. 하나밖에 없는 아들이 효도도 못 하고…."

"괜찮다, 학철아. 네가 무슨 죄가 있겠니. 이 세상이 문제지. 어서 건강이나 되찾고 감옥에서 나오면 그때는 꼭 같이 살자. 내 소원은 그것뿐이다."

학철은 어머니의 손을 잡고 눈물을 흘릴 뿐 고개를 들 수 없었다.

"오빠, 걱정하지 말아요. 제가 어머니를 잘 모실게요."

여동생 성선은 학업을 마치고 학교에서 교사로 일하고 있다고 했다.

서로 어떻게 사는지 소식만 전했는데 어느새 열차가 수원역에 도착했다. 그런데 부산까지 같이 갈 줄 알았던 어머니가 성선이를 데리고 수원역에서 내렸다. 학철은 너무나 섭섭했다. 하지만 광복 후 성선이를 통해 당시 기차표 값이 비싸 수원까지밖에 갈 수 없었다는 사정을 알고 더 가슴이 아팠다.

열차에서 내린 어머니는 결코 눈물을 보이지 않았다. 아들을 향해 손만 흔들 뿐이었다. 하염없이 흐느끼는 성선이와 꿋꿋이 서 있는 어머니가 점점 작아지면서 7년 만에 이뤄진 만남은 짧게 끝이 났다.

일본 나가사키 교도소 생활

　나가사키에는 교도소가 두 군데 있었는데 하나는 시내에 그리고 다른 하나는 시내에서 20킬로미터 정도 떨어진 외곽에 있었다. 학철은 1943년 4월 29일에 나가사키 시내에 있는 교도소에 수감되었다. 며칠 후 학철에게 관선 변호인(현 국선 변호인)이 선임되고, 한 달 뒤에 재판을 받게 되었다. 학철이 용수를 쓰고 공판정에 도착했다. 목발을 짚고 들어선 학철을 본 재판장은 의자에 앉는 것을 허락했다.
　재판이 시작되자 학철은 재판장에게 말했다.
　"우리는 일본군 포로들을 인도적으로 대했는데, 일본은 왜 나에게 치료받을 기회도 주지 않는가?"
　당황한 재판장은 황급히 의사봉을 두드리며 모든 방청객에게 퇴장을 명령했다. 일본인들은 '대일본제국의 황군은 포로가 없다.'라는 말을 믿고 있기 때문이었다.
　"재판장님! 지금 피고는 근거 없는 거짓말을 하고 있습니

용수 죄수의 얼굴을 보지 못하도록 머리에 씌우는 둥근 통 같은 기구
공판정 공판을 행하는 법정

다. 반성은커녕 대일본제국의 법정을 우습게 보고 거짓 진술을 하는 것을 보면 극형으로 다스려야 합니다. 대일본제국의 권위에 도전한 피고 김학철에게 사형을 선고해 법이 살아 있다는 걸 알려 주시기 바랍니다."

학철의 태도에 화가 난 검사는 학철의 죄질이 매우 나쁘다면서 극형을 내려야 한다고 주장했다. 학철의 죄목인 '치안 유지법 위반'은 최고형이 무기 징역으로 정해져 있는데 학철의 당당한 기세에 놀란 검사가 이성을 잃고 무리한 주장을 한 것이었다. 아직 판결이 확정된 것은 아니지만 검사의 '극형'이라는 말이 학철의 귓가에 맴돌았다.

구치소로 돌아오자, 교도관이 학철의 허리띠를 벗겨 갔다. 학철이 불안한 마음에 극단적인 선택을 할 수 있다고 생각한 것이다. 보름이 지나고 다시 재판장 앞에 불려 간 학철은 10년 형을 선고받았다.

판결을 받은 학철은 나가사키 외곽에 있는 이시하야 교도소로 이감되어 독방 생활을 했다. 교도소 독방 생활은 고통의 연속이었다. 하루 종일 그물 만드는 노역을 해야 했고 하루에 20분씩 하는 운동도 교도관의 감시하에 혼자 해야 했다. 일주일에 두 번 목욕을 할 수 있었지만 상처 때문에 온

탕을 이용하지 못하고 간단한 샤워만 하는 게 고작이었다. 그 사이 학철의 상처는 더 심각해졌다. 고름이 흐르는 상처에 구더기가 끼어 젓가락으로 집어 내는 것이 가장 고통스러웠다. 학철은 교도소에 있는 의무과장에게 다리에 난 상처가 점점 더 곪고 있으니, 소독만 할 것이 아니라 염증을 제거하는 수술을 해 달라고 부탁했다. 그러자 의무과장은 코웃음을 쳤다.

"네가 전향서를 쓰고 천황에 충성을 맹세하면 치료해 주라는 지시가 있었다."

하지만 학철은 죽을지언정 전향서는 쓸 수 없었다. 치료는 물 건너간 셈이었다. 의사로서의 최소한의 양심이 있기를 바란 학철은 잠시나마 희망을 품었던 자신을 원망했다. 학철은 썩어 가는 다리를 보며 차라리 도마뱀처럼 스스로 다리를 끊어 버리고 싶다고 생각했다. 그러는 사이 일본 하늘에는 미국 전투기가 수시로 넘나들었고 감옥에서도 간간이 들리는 소식으로 전쟁의 끝을 직감할 수 있었다.

'일본이 먼저 망하느냐 내가 먼저 죽느냐.'

전향서 자신의 신념이나 사상을 바꾸겠다는 뜻을 적은 글

학철은 죽음의 공포 속에서도 일본에 굴복하고 싶지 않았다. 끝까지 버텨서 조국의 광복을 보고 싶었다. 1945년 2월 교도소 의무과장이 바뀌었다. 새로 온 의무과장 후로다 요쓰구마는 독방 생활을 하는 학철이 당연히 살인이나 강도 등의 흉악한 범죄를 저지른 사람이라고 생각했다. 흉악범이라는 선입견 때문에 잔뜩 긴장하고 학철의 상처를 소독하러 온 의무과장은 학철에게 상처와 관련한 일상적인 질문을 하고 소독을 해 주었다. 그는 학철을 치료하면서 흉악범치고는 예의가 바르다고 생각했다. 그래서 독방을 나서자마자 사무실에서 학철의 죄명이 기록된 서류를 확인했다.

'치안 유지법 위반'

의무과장은 다시 학철을 찾아왔다.

"다리 상처가 심한데 여태 소독 치료만 받은 이유가 궁금합니다. 혹시 치료를 거부하거나 의사에게 난동을 피운 적이 있나요?"

학철은 그의 질문에 차분하게 대답했다.

"의술은 인술이라고 하는데 사상이 불온하다는 죄명으로 3년이 넘도록 소독 말고는 아무런 치료를 받지 못했습니다. 더는 바라지도 않겠습니다. 다리를 자르는 수술만 해 주시면 소원이 없겠습니다. 부탁드립니다."

의무과장은 의사의 양심에 호소하는 학철의 부탁을 들어주었다. 비록 교도소 안 의무실의 시설이나 환경은 큰 수술을 하기에 부족했지만, 학철은 어려운 고비를 몇 차례 넘긴 끝에 깨어날 수 있었다. 정신이 돌아온 학철은 잘린 다리를 보고 쓸쓸한 마음을 감출 수 없었다.

'다리가 하나밖에 없으니 많은 불편이 있겠지. 감옥을 나가더라도 총을 들고 싸울 수도 없고…. 하지만 목숨은 건졌으니 다시 내가 할 일을 생각해 봐야지.'

학철의 고민은 깊어졌다. 그런 와중에 영양 부족으로 폐결핵과 신장 결핵에 걸려 다시 죽을 고비를 넘겼다. 이때 학철을 간호한 사람은 일본군 장교로 전쟁터에서 자신을 괴롭히는 상관에게 칼을 들고 대들어 상처를 입힌 죄로 7년 형을 받고 병든 죄수를 돌보는 일을 하고 있었다. 그는 자신도 죄수지만 장교 출신이라는 자부심에 파렴치한 죄수들과 생활하는 데 어려움을 겪고 있었다. 그는 적군이지만 생각이 깊고 신중하게 행동하는 학철을 돌보면서 많은 호의를 베풀었

인술 사람을 살리는 어진 기술이라는 뜻

다. 죄수들에게 지급되는 정해진 식사 외 찐 고구마나 우유와 영양제(어간유)까지 자주 챙겨 주었다. 그 덕에 학철의 몸은 빨리 좋아졌다. 건강이 회복되자 학철은 책을 읽고 싶은 마음이 되살아났다.

"독방에서 지내다 보니 책을 읽고 싶은데, 구할 수 있을까요?"

"진작 말하지. 잠깐 기다려요."

그는 거미줄이 달라붙은 책을 한 아름 가져다주었다.

"다 읽으면 또 갖다줄게요. 창고에 산더미처럼 쌓여 있어요."

덕분에 학철은 좋아하는 책을 원 없이 볼 수 있었다. 간호사의 누이동생도 학철의 동생과 마찬가지로 초등학교 교사라는 점 때문에 동질감을 느꼈는지, 간호사와 함께 보낸 시간은 감옥 생활 중 그나마 즐거운 때였다. 그러던 어느 날 간호사가 학철에게 우유를 따라 주면서 힘없이 말했다.

"이러다 연합군에게 지는 거 아닐까요?"

들리는 소문으로 전쟁의 승패를 예측할 수는 있었다. 학철은 고개를 끄덕이는 걸로 대답을 대신했다. 간호사는 크게 실망한 표정을 지었다.

"역시 그렇구나…."
그는 신음하듯 혼잣말을 하더니 밖으로 나갔다. 며칠 후 베를린이 함락됐다는 소식에 학철은 여동생에게 편지를 썼다.

성선에게

성선아, 달리는 열차 안에서 어머니와 같이 만난 일이 어제 같은데 벌써 3년이 지났구나. 어머니는 건강하게 잘 계시지? 너도 교사 생활에 바쁠 텐데 어머니까지 돌보느라 얼마나 힘들지 짐작이 간다. 오빠가 항상 미안하다는 말밖에 못 하는구나. 그래도 너와는 한 달에 한 번씩 편지를 주고받으니 어제 본 것처럼 어색하지 않구나. 가장 역할을 해야 하는 내가 가족을 떠나 이렇게 감옥에 있으니, 편지로 소식을 전하는 일밖에 할 수 있는 게 없다는 사실이 슬프구나. 하지만 오빠는 곧 풀려나 집으로 갈 것 같다. 그러니 그때까지 어머니를 잘 모셔다오.

나가사키 이시하야 교도소에서 늘 미안한 오빠가
1945년 따뜻한 봄날에

편지를 받은 어머니는 10년 형기를 받은 아들이 곧 집으로 온다고 하니 실성을 한 것 같다고 눈물을 흘렸다. 하지만 학철의 예상대로 광복이 가까워지고 있었다.

왼 다리를 묻고 떠나오다

학철은 이시하야 교도소에서 세 번째 여름을 맞았다.

교도관은 학철에게 나가사키 시내 교도소 부근에 원자 폭탄이 떨어져 도시가 사라졌다는 소식을 조심스럽게 전했다.

'원자 폭탄?'

학철도 처음 듣는 폭탄이었다. 교도관은 물어보지도 않은 내용을 먼저 말했다.

"미국 놈들이 발명한 건데 건물이고 사람이고 다 타서 증발해 버리는 무서운 신형 무기래. 시내에 있는 교도소도 모두 파괴됐대. 폭탄이 또 떨어지면 우리도 언제 죽을지 몰라."

학철은 드디어 전쟁이 끝나고 있음을 느꼈다.

'이제 연합군의 승리로 전쟁이 끝나면 나도 이 지긋지긋한 교도소에서 나가겠구나.'

8월 15일 정오, 교도소에 히로히토 일본 천황의 특별 담화 방송을 듣도록 지시가 내려졌는데 방송 시설이 열악해 내용을 알 수가 없었다. 한데 방송이 끝나기도 전에 일본인들이 대성통곡하는 소리가 들려왔다. 학철은 외다리를 보기 좋게 치며 속으로 환호했다.

"이제 집으로 가게 됐구나."

그날의 방송은 히로히토 일본 천황의 무조건 항복 발표였다. 수감자에게 시키던 작업도 사라졌다. 모두 살얼음판을 걷는 기분이었다. 학철은 친하게 지내던 교도관들에게 경성 서대문 형무소에서는 이미 모든 수감자를 풀어 줬다는 이야기를 들었다. 학철도 교도소를 나갈 날만 기다렸다. 하지만 일본이 항복하고도 55일이나 지나서야 학철은 주일 미군정 맥아더 사령관의 전국 정치범 석방 명령으로 교도소 밖으로 나올 수 있었다.

수감자의 인권 문제를 의식한 교도소장은 수감자들이 깨끗한 모습으로 교도소를 나갈 수 있게 하라고 교도관에게 명령했다. 학철은 수술한 다리가 결핵균에 감염된 바람에 의무실에서 상처를 소독하고 새 붕대를 감은 뒤, 한 달 정도 쓸 수 있는 알코올과 탈지면을 받았다. 학철은 다리를 소독해 준 간호사에게 감사의 인사를 했다. 학철의 다리 수술을 한 의무과장은 한 달 전 복막염으로 세상을 떠난 뒤었다.

"감사합니다. 덕분에 살아서 돌아갑니다. 간호사님도 곧 풀려날 겁니다. 다시 만나면 제가 꼭 보답하겠습니다."

"그래요. 학철 선생, 몸조심하고 고향으로 돌아가 건강하게 잘 살아요."

수감자이자 학철에게 가장 많은 친절을 베푼 간호사는 눈시울을 붉히며 인사했다.

절차에 따라 수감복을 벗은 학철은 교도소에 들어올 때 입었던 옷으로 갈아입었다. 옷에서 나는 곰팡이 냄새가 3년 9개월의 긴 수감 생활을 말해 주는 것 같았다. 학철은 바지를 입고 마지막으로 오른쪽 신발을 신었다. 그의 왼쪽 다리는 교도소 무연고 묘지에 묻혀 있었다. 학철은 왼쪽 다리와 신을 수 없는 왼쪽 신발 한 짝, 교도소에서 겪은 고통을 모두 일본 땅에 내려놓은 채 유유히 목발을 짚고, 감옥 동기이자 동갑내기 친구 송지영과 함께 교도소를 나섰다.

3장

문학가, 김학철

서울과 평양, 연변에서의 삶

(1945~2001)

꿈에 그리던 조국

　학철과 송지영은 일본에서 배를 타고 부산을 거쳐 꿈에 그리던 서울에 도착했다. 학철은 가장 좋아했던 종로 거리를 걷다 이곳을 떠나기 전 마지막으로 올랐던 북악산을 올려봤다. 북악산은 나무가 하나도 없는 민둥산으로 변해 있었다. 학철은 지나가는 사람에게 물었다.

　"북악산에 나무가 하나도 없다니, 어떻게 된 일이죠? 불이라도 났나요?"

　"일본군이 고사포 진지를 만들기 위해 몇 그루 남지 않은 나무를 다 잘라 냈습니다. 그 많던 소나무도 전쟁에 필요한 물자를 조달한다고 잘라 갔고요. 나무가 없으니, 산에 풀도 안 나는 거지요. 사람이며 밥그릇까지 다 가져갔는데 산의 나무 정도야 대수겠소?"

　그는 물어보기 무섭게 답답한 심정을 토해 냈다. 학철은 자주 오르던 산이 이렇게 흉측한 모습으로 변했다는 사실에

서울 일제 강점기 경성으로 불리었으나 1945년 해방 후 서울로 이름을 바꾸었다.
고사포 항공기를 사격하는 데 쓰는, 시선과 지평선이 이루는 각도가 큰 포
진지 언제든지 적과 싸울 수 있도록 설비 또는 장비를 갖추고 부대를 배치하여 둔 곳

큰 충격을 받았다. 북악산이 마치 자신처럼 느껴졌다. 학철은 조국이 광복을 맞으면 제일 먼저 집에 간다고 동생에게 약속했지만, 다리가 하나 없는 모습을 가족에게 보여 주기가 망설여졌다.

나가사키 교도소에서 풀려나 서울로 온 학철에게 여러 독립운동 단체가 관심을 보였다. 학철은 '조선 독립 동맹' 서울 위원으로 선출되었다. 하지만 수술한 상처가 아물지 않아 병원에 입원해야 했다. 학철의 소식을 듣고 어머니와 동생이 달려왔다.

"어머니, 너무 걱정하지 마세요. 치료받고 나가면 제가 어머니와 동생들을 위해 열심히 살겠습니다. 이미 적응이 돼서 다리 하나 없어도 잘 걷고, 불편하지 않습니다."

별일 아닌 것처럼 말하는 모습에 어머니도 안심하는 듯했다. 어머니가 돌아간 뒤, 학철은 홀로 생각에 잠겼다.

'지금이라도 내가 할 수 있는 일을 하자. 글을 쓰는 거야!'

어려서부터 책 읽기를 좋아하고 글도 제법 쓰던 학철은

조선 독립 동맹 1942년 김두봉, 최창익 등의 한인 사회주의자들이 중국 화북 지방에서 만든 독립운동 단체. 조선의용대 화북 지대 조직을 개편한 조선의용군을 이끌고 일제에 맞서 싸웠으며, 해방 후에는 북한 정부를 세우는 데 참여했다.

병원에 있는 동안 글을 쓰기 시작했다. 입원 기간 중에 탄생한 학철의 첫 번째 작품은 〈지네〉라는 제목의 단편 소설이었다. 퇴원 후 학철은 <u>좌익</u> 단체에 소속되어 활발한 사회 활동을 했다.

강연이 있을 때면 학철은 전쟁 영웅 대접을 받았다. 특히 젊은이들은 일본과 싸우다 다리를 잃은 학철을 열광적으로 환영했다. 하지만 정당과 단체 사이에서 의견이 나뉘기 시작했다. 하루는 종로 YMCA에서 진보 정당과 사회단체의 집회가 있어 학철도 참석했다. 인파가 모이니 경찰 병력도 긴장한 채 출동해 있었다. 학철이 회의장에 도착했을 때 <u>조선 공산당</u>을 대표해 박헌영이 연설을 하고 있었다.

"위대한 소련과 미국에 의해 우리나라가 해방됐습니다."

박헌영은 소련과 미국의 역할을 강조하며 독립을 위해 여러 지역에서 일본과 싸운 무장 투쟁에 대해서는 한마디도 하지 않았다. 학철은 더 이상 참을 수 없어 목발을 짚고 자리에서 일어났다. 찬물을 끼얹은 듯 모두가 숨죽이고 학철

좌익 급진적이거나 사회주의적·공산주의적인 경향

조선 공산당 1925년 조직된 사회주의 운동 단체로 민족 해방 혁명과 반제국주의 혁명을 내세웠다. 일제의 탄압으로 1928년 해체되었다가 광복 후 박헌영 등이 중심이 되어 재건했다.

을 보고 있었다.
 "우리 조선의용대 대원들은 일본이 투항하는 날까지 투쟁했습니다. 피를 흘리고 목숨을 바쳐 싸웠습니다. 우리는 누구처럼 앉아서 다른 나라 사람들이 우리를 해방시켜 주기를 기다리지 않았습니다."
 박헌영은 당황한 표정이었다.
 "속이 다 시원하네."
 "저 사람 말이 맞아. 목숨 걸고 싸웠다잖아."
 "그러게, 말로만 독립운동을 했다는 사람이 너무 많아."
 회의장에 모인 사람들은 제 생각을 얘기하기 시작했다. 회의장이 술렁거렸다.
 "조용! 조용히 하세요!"
 "박헌영 선생님께서 연설을 이어가겠습니다."
 행사를 담당하는 조선 공산당 당원들을 뒤로 하고 학철은 회의장을 떠났다.

불가피한 월북

 학철의 삶에서 가장 중요한 목표는 나라의 독립과 대중의 자유해방이었다. 그렇기에 학철은 일본에 나라를 빼앗기고 국내에서 무장 투쟁을 하기 어려워지자, 중국으로 건너가 독립운동 단체에 가입했다. 황포 군관 학교에서 교육받고 조선의용대 창설 대원으로 참여해 일본군에게 잡히기 전까지 독립을 위해 목숨을 걸고 싸운 학철은 우리나라가 해방되면 모두 평등하고 사이좋게 잘살 수 있다고 믿었다. 하지만 현실은 달랐다.

 미군정이 들어선 38선 이남에서는 좌익 단체들이 정치 노선과 추구하는 사상 문제로 탄압과 제거의 대상이 된 것이다. 중국에서 활동했던 독립운동가들은 좌익이라는 낙인이 찍혀 없어져야 할 존재가 됐다. 학철은 자신 때문에 어머니와 동생들까지 위험해질까 두려웠다.

 '이제 어머니에게 효도하고 동생들에게 든든한 오빠 역할을 하려 했는데, 내가 또 걸림돌이 되겠어. 어쩌지….'

 학철의 고민이 깊어지던 시기 '조선 독립 동맹'에서 연락이 왔다. 우선 학철과 동생 성선이, 그리고 학철을 위해 서울대 병원 간호장 김혜원 및 경호원을 북으로 보낸다는 소식이었다. 학철은 자신은 물론 가족의 목숨이 걸린 상황이라 선택의 여지없이 길을 떠났다. 되찾은 나라에서 가족과 조용하게 살고 싶었던 학철의 꿈은 그렇게 깨졌다.

그렇게 북한으로 가 평양에서 노동신문사 논설 기자로 일하는 학철을 누군가 찾아왔다. 학철이 쓴 〈누가 건설을 파괴하는가〉라는 글을 읽은 김일성이 불편한 심기를 보이자, 당중앙 선전부장 김창만이 온 것이다. 그도 황포 군관 학교 동창이었다.

"학철아, 네가 쓴 글을 보고 수상 동지가 화를 냈어. 당분간 휴양도 할 겸 금강산 지역 책임자로 가는 게 어때?"

당시 학철은 함께 북으로 온 김혜원과 결혼하여 행복한 나날을 보내고 있었다. 학철은 신문사를 그만두고, 외금강 휴양소 소장으로 발령을 받았다. 외금강 휴양소는 북한 최대 규모의 중앙당 휴양지였다. 학철은 금강산의 맑은 공기를 마시며 오랜만에 조용한 일상을 즐겼다. 학철의 인생에서 가장 안정적인 시간이었다.

자연을 벗 삼아 사랑하는 가족과의 행복한 시간도 잠시, 이상조의 배려로 학철은 민족군대(인민군 전신) 신문사 주필로 일하게 됐다. 그런데 취임하자마자 부상 후유증으로 한쪽 신장을 잘라 내는 수술을 받아야 했다. 또 한 번의 시련이 학철을 찾아온 것이다. 학철은 다시 반년 넘게 병원 신세를 져야 했다. 퇴원 후에도 한동안 휴식이 필요하다는 의사의 지시에 따라 집에서 시간을 보냈다.

평양 체류 중 학철은 이태준, 김사량, 문예봉, 최승희, 정률성 등 작가 예술인들과 자주 만났다. 이 시기 학철은 중·단편 소설 여러 편을 신문과 잡지에 발표하고 정률성과 함께 대형 음악 서사시 〈동해어부〉를 창작 연출, 문예봉, 최승희와는 고골리의 〈죽은 넋〉을 연극으로 각색하여 무대에 올렸다.

주필 신문사나 잡지사 따위에서 행정이나 편집을 책임지는 사람

또다시 중국으로

학철은 북한의 개인 숭배와 전제주의 체제에 크게 실망했다. 학철은 모든 사람이 평등하고 공평한 기회를 얻을 수 있는 세상을 원했던 이상적인 사회주의자였다. 독재자를 우상화하는 북한 사회는 권력이면 못할 것이 없었다.

북한 체제에 대한 학철의 고민이 깊어지던 1950년, 한국 전쟁이 일어났다. 황포 군관 학교 동창들은 외다리 신세인 학철을 전쟁 중에 돌볼 수 없다고 생각해 떠밀다시피 가족과 함께 중국으로 보냈다.

북경에 도착한 학철은 옛 전우 문정일의 소개로 당대 최고의 여류 작가 정령(딩링) 아래에서 연구원으로 일하게 되었다. 학철은 이화원 안에 있는 소와전이라는 자그마한 전각에서 살게 되었는데 정령 일가와는 앞뒤로 살며 수년 간 우정을 나누었다. 또한 중국 당대를 대표하는 시인 애청(아이칭),

전제주의 국가 권력을 개인이 장악하는 전제 정치의 시행을 주장하는 정치사상
사회주의 사유 재산 제도를 폐지하고 생산 수단을 사회화하여 자본주의 제도의 사회적 · 경제적 모순을 극복한 사회 제도를 실현하려는 사상
우상화 신처럼 숭배의 대상이 되는 물건이나 사람으로 만듦

철학자 애사기(아이쓰치)와도 가까이 지냈다.

연구원으로 일하는 동안 학철은 다시 글을 썼다. 〈전우〉, 〈솔바람〉 등 여러 편의 중·단편 소설을 신문과 잡지에 발표했다. 그의 작품집 《범람》과 《군공장》은 당시 북경에서 십여 차례 재판할 정도로 인기가 높았다.

1952년 9월, 연변(옌볜)에 조선족 자치주가 설립되었다. 학철은 조선의용대 출신인 자치주 주장 주덕해의 '연변 문학 예술인 연합회' 초대 회장으로 초청을 받아 가족과 함께 연변으로 향했다. 연변은 중국 내 조선 민족의 정치·경제·문화의 중심지로 새롭게 바뀌고 있었다. 학철은 작품 활동도 열심히 이어 갔는데 중국에서 우리말로 쓴 첫 장편 소설 《해란강아 말하라》를 비롯해 〈새집 드는 날〉, 〈번영〉, 〈고민〉 등을 발표했다. 그리고 노신(루쉰)과 정령의 소설들을 중국에서 처음 한국어로 번역 출판했다.

문화 대혁명과 지식인

1965년 3월 학철은 〈20세기의 신화〉라는 정치 소설을 완성했다. 원고지 1,350매에 달하는 인생 최대의 역작인 이 작품으로 인해 학철은 다시 한번 고난을 겪었다. 바로 '문화 대혁명'이라는 큰 파도에 휩쓸린 것이다.

1967년 12월 19일 밤, 학철의 집에 들이닥친 홍위병들은 학철을 연변 자치주 정부 청사로 끌고 갔다. 그곳에서 학철을 기다리는 건 끔찍한 고문이었다. 집에서 발견된 〈20세기의 신화〉 때문에 학철은 연길시 공안국 유치장으로 옮겨져 비좁은 독방에서 7년 4개월 동안 감옥 생활을 했다. 일본군과 싸우던 시절 장교였던 학철이 한참 후배인 병사에게 고문당하고 얻어맞는 말도 안 되는 상황이었다. 어둡고 습기로 가득한 유치장에서 7년 넘게 갇혀 있던 학철은 드디어 판결을 받고 추리구 감옥으로 이감되었다.

학철은 10년 형 가운데 이미 유치장에서 보낸 7년 4개월

문화 대혁명 1966년에 중국에서 시작한, 대규모 사상·정치 투쟁의 성격을 띤 권력 투쟁
홍위병 문화 대혁명의 한 추진력이 된 학생 조직

을 빼고, 남은 형기 2년 8개월을 교도소에서 보냈다. 교도소 생활은 1977년 12월 19일에 끝이 났다.

눈 덮인 벌판 한 가운데 위치한 감옥 문이 열리고, 학철은 자신을 기다리던 아들 해양에게 향했다. 해양도 학철에게 다가갔다. 학철과 해양은 서로 변한 모습을 보자 10년이라는 세월이 지났음을 느꼈다.

"아버지!"

"해양아."

"고생 많으셨습니다. 몸은 괜찮으세요?"

"나 때문에 네가 고생이 많았지? 미안하구나. 어디 얼굴 한번 보자. 이제 어른이 다 됐구나. 교도소에 있는 동안 생각해 보니 내가 한 번도 좋은 아버지였던 적이 없었다. 정말 미안하다."

"아니에요, 아버지. 보고 싶었습니다. 사랑합니다."

학철과 해양은 그동안의 설움과 그리움을 털어 버리려는 듯 꼭 껴안고 한참을 울었다.

정의는 승리한다

교도소에서 나왔지만 삶은 여전히 고난의 연속이었다. 가족들은 살던 집에서 쫓겨나 좁은 단칸방에서 지내고 있었다. 학철과 아내 그리고 아들 내외와 젖먹이 손자까지 다섯 명이 한방을 써야 했다. 학철의 아내는 감옥살이하는 남편 대신 가장 역할을 하느라 힘들었는지 핏기 없는 얼굴에 깡말라 있었다. 그런 아내를 보고 학철은 미안함을 넘어 죄책감을 느꼈다.

그런 학철에게 명예를 되찾을 기회가 찾아왔다. 조선의용대 전우인 문정일이 당시 총서기인 호요방에게 부탁하여 법원에 재심을 요청한 것이다. 연변 조선족 자치주 중급 인민 법원의 재심 결과 〈20세기의 신화〉는 정치적으로 문제가 있는 소설이나 출판되지 않았음으로 무죄로 판결이 났고, 이 소식이 학철에게 전해졌다.

"선생님의 무죄 판결 공표는 이달 15일에 합니다. 그래서 무죄를 알리는 소규모 대회를 열고자 합니다."

학철은 하늘을 바라보며 한탄하듯 말했다.

"이런 날이 올 줄 믿었소. 비록 늦기는 했지만…"

무죄와 정치적 명예를 되찾았음을 선포하는 자리에서 학철에게 소감을 발표하는 시간이 주어졌다.

"나는 이 북간도에 이렇게 길고 어두운 굴이 있으리라 꿈에도 몰랐습니다. '반동'이라는 무서운 이름으로 불리는 굴은 한번 들어가면 강산이 몇 번은 바뀌어서야 나올 수 있습니다. 나는 오늘 긴 고난의 걷기를 마치고 마침내 이 굴에서 나왔습니다. 그런데 24년 전 나와 함께 걷던 길동무 중 많은 사람이 보이지 않습니다. 일본에 대항해서 함께 싸웠던 그들은 계급의 원수라는 악명을 쓰고 처절하게 죽어 갔습니다. 역사는 되풀이되지 말아야 합니다. 바른말을 하는 정직한 지식인을 때려잡는 역사는 반복하면 안 됩니다.

그동안 나를 다시 이 밝은 햇빛 아래 당당하게 나서게 하려고 애써 주신 동지들의 용기를 기억하겠습니다. 정직한 양심에서 우러나오는 용기가 없다면 우리 인류 사회는 단 한 발짝도 앞으로 나아가지 못할 겁니다. 끝까지 들어 주셔서 감사합니다."

불꽃처럼 살다 간 최후의 분대장

　무죄 판결을 받고 정치적 명예를 되찾은 학철은 다시 글 쓰는 일에 매달렸다. 새벽 3시 반이면 일어나 옷을 입고 집 앞 강둑을 따라 걸었다. 해가 뜨지 않은 이른 시간이라 거리는 암흑천지였다. 30분 정도 걸어 박물관 앞에 도착하면 자신만의 방식으로 운동을 시작했다. 종일 글을 쓰려면 체력이 중요하기 때문이었다.

　허리 운동부터 시작해 심호흡을 끝으로 운동을 마치고 집으로 돌아온 학철은 간단한 아침 식사를 하고 녹차를 마셨다. 학철에게는 녹차 한 잔이 유일한 사치였으며 평생 술과 담배는 입에도 대지 않았다. 또한 글을 쓰기 위해 미리 약속하지 않은 사람은 만나지 않았고, 약속한 사람과도 한 시간 이상 시간을 보내지 않았다. 학철에게 시간은 황금보다 귀한 것이었다. 자신의 신념과 양심을 지킨 대가로 교도소에 갇혀서 잃어버린 시간을 되찾고 싶었다.

　학철이 시간과 싸우며 집필에 매달린 지 8년 만에 월북 작가들에 대한 해금 조치로 장편 소설《격정시대》와《해란강아 말하라》가 우리나라에 소개되었다. 우리나라와 중국의 관계도 우호적으로 변해 학철은 48년 만에 한국 정부의 초청으로 아내와 함께 서울을 방문하게 되었다.

서울의 높은 건물과 잘 정돈된 거리가 가장 먼저 눈에 들어왔다. 호텔에서 내려다본 한강은 아름다웠다. 다음 날 학철은 관훈동을 찾았다. 책벌레로 불리며 문이 닳도록 드나들던 책방이 있던 자리에는 이미 다른 건물이 들어서 있었다. 실망스럽지만 그만큼 세월이 흘렀다는 증거였다.

'학교 다닐 때 지내던 외갓집도 사라졌겠지?'

혹시나 하는 마음으로 골목에 들어선 학철은 뜨거운 눈물을 흘렸다.

"여보! 여기가 내가 살던 외갓집이오."

갑자기 용기가 난 학철은 음식점으로 바뀐 그 집으로 들어갔다.

"여기가 관훈동 69번지 맞습니까?"

"네, 맞는데요."

음식점 주인은 생소한 중산복을 입은 학철을 쳐다보며 왜

월북 작가 광복 이후, 삼팔선이나 휴전선 이북으로 넘어간 작가
해금 금지하던 것을 풂
중산복 중국의 정치가 손문(쑨원)이 고안한 의복

그러냐는 듯이 퉁명스럽게 대답했다.

"제가 오래전에 살던 집이라 꼭 한번 와 보고 싶었습니다. 오늘은 이미 밥을 먹었으니 다음에 와서 밥 한번 먹겠습니다. 실례가 많았습니다."

서울에서 학철은 파고다 공원 동문 바로 앞 오성장 여관에 머물렀다. 별다른 일정이 없던 날이라 오랜만에 한가한 시간을 보내던 학철은 아내에게 서울에 온 소감을 말했다.

"나는 서울에 와서 본 것 중에 동전을 넣으면 따뜻한 커피가 나오는 기계가 제일 신기해. 당신은 뭐가 신기해요?"

"나는 컵에 뜨거운 물을 부어 먹는 면이 제일 신기해요. 정말 믿기지 않아요."

아내의 대답에 한껏 들뜬 학철은 활짝 웃으며 어린 날의 개구쟁이 얼굴로 돌아왔다.

"우리가 마법의 세계에 온 거 같지 않아요?"

학철과 아내 혜원은 조국에 돌아온 기쁨으로 밝게 웃었다.

학철의 두 번째 서울 방문은 1994년 'KBS 해외동포상'을 받기 위해서였다. 방송국의 초청으로 서울에 온 학철 부부는 첫날 밤을 방송국에서 마련한 화려한 호텔에 머물게 됐다. 침실과 거실이 따로 있고 텔레비전도 두 대나 있었다. 화장실은 방보다 깨끗하고 화려했지만 모르는 것 천지라 사용할 엄두도 나지 않았다. 학철은 다음 날 아침 다시 오성장 여관으로 숙소를 옮겼다. 숙소를 옮기며 학철은 독립운동을 위해 상해에 도착한 날이 생각났다.

'그때는 돈이 넉넉하지 않아 숙소를 옮겼지만 지금은 공짜로 재워 준다는데도 내가 별나게 굴어서 아내에게 미안한 짓을 했네.'

평생을 검소하게 살아온 학철에게 화려한 호텔은 어울리지 않는 옷 같았다. 학철은 늘 조선의용대 분대장으로 싸웠던 신념과 작가로서 쌓아 온 자존심을 지키고 싶었다. 물질적 풍요보다 정신적 풍요를 중요하게 생각하는 사람이었다.

KBS 해외동포상을 받기 이틀 전 방송국 사무국장이 학철을 찾아왔다. 학철의 중산복 차림이 방송에 나가면 문제가 생길지 모른다는 생각에 학철을 설득하기 위해 찾아온 것이었다.

"방송국에서 시상식에 참석하시는 선생님께 멋진 양복을 선물하고자 합니다."

"고맙지만 그만두시지요."

학철은 자신이 입은 옷이면 충분하다는 생각에 선물을 받지 않겠다고 했다. 하지만 사무국장은 그럴 수 없는 입장이었다.

"선생님, 그 옷을 입고 방송에 나가면 안 됩니다."

"그게 무슨 말입니까?"

순식간에 분위기 냉랭해졌다.

"지금 옷은 북한의 이미지가 풍겨서요. 죄송합니다."

학철은 이해가 안 된다는 표정으로 대답했다.

"그럼 저는 시상식에 불참하겠습니다. 옷 입는 것까지 구속받으면서 상을 받고 싶지 않습니다."

결국 학철의 고집을 꺾지 못한 방송국은 그의 소신에 따르기로 했다. 이틀 후 학철은 중산복을 입고 아내와 함께 당당히 시상식 무대에 올라갔다. 학철에게 중산복은 단순한 옷이 아니라 조선의용대의 상징이었다. 학철의 두 번째 조국 방문도 당당한 모습으로 마무리됐다.

학철의 마지막 방문은 2001년 6월, 김원봉과 윤세주(석정)의 고향인 밀양시의 초청으로 이루어졌다. 조선의용대 참모장이었던 윤세주 열사 탄생 100주년 기념식에 참석하기 위해서였다. 살아 있는 조선의용대 분대장으로 초대받은 학철은 이번에는 아들 해양과 함께 왔다. 공식 행사 이틀 전 학철은 밀양에 있는 독립운동가 박차정의 묘소를 찾았다. 박차정은 조선의용대 김원봉 대장의 부인이었는데 학철을 동생처럼 따뜻하게 대해 주었고, 학철 역시 박차정을 누님처럼 따르던 사이었다.

"누님! 제가 약산 선생님을 잘못 모셔서 비참한 최후를 맞았습니다. 앞으로 언제 다시 찾아뵐 수 있을지 모르지만 하늘나라에서 안녕히 계십시오."

학철은 어느 때보다 뜨거운 눈물을 흘렸다.

이틀 뒤 학철은 윤세주 열사 탄생 100주년 행사 중 식도에 통증을 느껴 해양과 함께 서울에 있는 한 병원을 찾았다. 그런데 후두 세포 채취 검사 중 식도가 파열되는 사고를 당하고 말았다. 음식을 넘길 수 없는 상태로 입원이 길어졌고, 해양은 그저 아버지 옆을 지킬 수밖에 없었다. 그렇게 80여 일이 지나 학철은 병원에 그동안 감사하다는 말을 남기고 해양과 연변으로 돌아왔다.

이미 돌이킬 수 없는 상태로 연변에 도착한 학철은 마지막 힘을 다해 유서를 썼다.

남기는 말

사회의 부담을 덜기 위해
가족의 고통을 줄이기 위해
더는 연연하지 않고
깨끗이 떠나간다.

김학철

연명치료 절대 거부
조용히 떠나가게 해 달라.

학철은 집에 와서 마음이 편하다고 했다. 하지만 여전히 음식은 거부했고 마지막 9일 동안은 물도 거부했다. 9월 25일 새벽 2시 해양을 깨워 마지막 부탁을 했다.

"머리를 짧게 자르고 중산복을 입혀 줘. 이제 조선의용대 전우들에게 돌아갈 시간이야."

연변에 오고 음식을 거부한 지 21일째 되는 날, 2001년 9월 25일 오후 3시 39분.

조선의용대 최후의 분대장 김학철은 우리 곁을 떠났다.

"편안하게 살려거든 불의에 외면을 하라. 그러나 사람답게 살려거든 그에 도전을 하라."

그가 남긴 마지막 유언이다.

추산 김학철

1916. 11. 4 ~ 2001. 9. 25

부록

- 김학철의 생애
- 김학철의 발자취
- 김학철의 삶에 영향을 준
  우리가 기억해야 할 독립운동가

김학철의 생애

【국내외 주요 사건】

- 1910년 8월 29일 경술국치
- 1919년 3월 1일 3·1운동
- 1919년 9월 임시 정부 수립
- 1929년 3월 광주 학생 운동

- 1916년 11월 4일 함경남도 원산 출생
- 1924년 원산 제2공립보통학교 입학
- 1929년 서울 보성 고등보통학교 입학

1938년 창립을 선포한 조선의용대의 기념 사진

1932년 4월
윤봉길 의거

1935년
중국 상해로 망명,
의열단 가입

1936년
조선 민족 혁명당
입당

1937년 7월 7일
중일 전쟁 발발

1937년
황포 군관 학교
입학

1938년 7월
황포 군관 학교 졸업
10월 조선의용대
창립 대원이 됨

1941년 12월
호가장 전투에서
포로가 됨

1942년
나가사키 형무소
10년 수감 판결

1945년 8월 15일
광복

1945년 10월 9일 출옥
11월 1일 조선 독립 동맹
서울 위원 선출

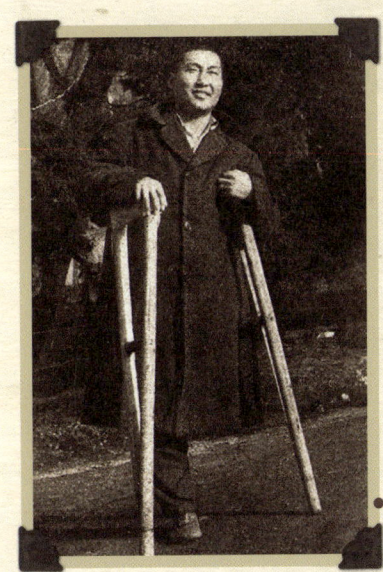

1945년 나가사키 감옥에서 석방된 모습

1946년 5월 서울에서 조선 문학가 동맹이 주관한 김학철 작품 합평회 사진. 중앙에 환하게 웃고 있는 청년이 김학철이다.

1951년 김학철은 중국 북경 이화원에서 가족과 함께 행복한 시간을 보냈다.

1950년 6월 25일
한국 전쟁 발발

1946년
10여 편의 단편 소설을 발표하고 좌익 탄압으로 월북

1947년
노동신문사 기자로 일함.
김혜원 여사와 결혼

1950년 10월
중국으로 망명

1951년 1월
중국 북경 중앙문학연구소 연구원으로 창작 활동

1952년 10월
연변에 정착

1957년
반동분자로 몰려
24년 간 강제 노동

1966년
중국 문화 대혁명 시작

1966년 7월
가택 수색 중
〈20세기의 신화〉
원고 발각

1967년 12월
10년 형을 받고
추리구 감옥에 감금

1977년 12월
만기 출옥

1980년 12월
무죄 판결 후
창작 활동 재개

1989년 9월
월북 후
첫 서울 나들이

1994년 3월
KBS 해외 동포상
특별상 수상

2001년 9월 25일
연길시에서 타계

1994년 KBS 해외 동포상 수상식에 참석한 김학철과 그의 아내 김혜원

김학철의 발자취

봉천(선양): 상해로 가기 위해 거쳐 간 도시

북경(베이징): 1950년 망명

태항산(타이항산): 1941년 호가장 전투

상해(상하이): 1935년 의열단 가입
1936년 조선 민족 혁명당 입당

무한(우한): 1938년 조선의용대 창설

강릉(징저우): 1937년 황포 군관 학교 입학

→ 광복 이전
→ 광복 이후

김학철의 삶에 영향을 준
우리가 기억해야 할 독립운동가

김원봉(1898~1958)

1919년 의열단을 조직하여 국내에 있는 일제 수탈 기관을 파괴하고 일제의 요인을 암살하는 등 무정부주의적 항일 투쟁을 하였다. 1926년 황포 군관 학교를 졸업하고, 1935년 조선 민족 혁명당을 통해 민족 해방 운동을 주도하였다. 또한 중국 국민당의 동의를 얻어 '조선 의용대'라는 군사 조직을 편성했다. 1942년 광복군 부사령관에 취임하였으며, 1944년 대한민국 임시 정부의 국무위원 및 군무부장을 지냈다.

김세광(1910~?)

1933년 조선 혁명 간부 학교 제1기로 졸업한 뒤 제2기 과정 교육을 담당하였으며, 조선 민족 혁명당의 군사학 편찬에 참여했다. 1936년 김원봉의 추천을 받아 남의사 비밀 훈련소에 입소하였고, 1937년 12월부터 1938년 5월 사이에는 황포 군관 학교 한인반에서 학생 겸 통역관으로 활동하였다. 1938년 조선의용대에 들어가 1940년 부대를 이끌고 중경(충칭)을 거쳐 1941년 팔로군 지역으로 이동했다. 12월 호가장에서 일본군과 전투 중 팔 하나를 잃는 중상을 입었다.

마덕산(1907~1943)

1934년 3월 조선 혁명 간부 학교 제2기로 졸업했고, 1935년 4월 낙양 군관 학교를 졸업했다. 1936년 7월 조선 민족 혁명당 당원으로서 남경과 상해를 오가며 지하 활동을 펼쳤다. 중일 전쟁이 일어난 후 1938년 5월 황포 군관 학교에 입학했고, 재학 중에 10월 조선의용대에 참가했다. 1943년 북경에서 체포되어 6월 17일 북경 일본 헌병대에 의해 총살되었다.

문정일(1913~?)

1930년 중국으로 건너가 남경 중앙 대학에 입학한 그는 1936년 조선 민족 혁명당에 입당했다. 중일 전쟁이 일어나자 1937년 11월 황포 군관 학교에 입학하였고, 10월 조선의용대에서 항일 활동을 펼쳤다. 1944년 연안으로 가서 일제 패망 직전까지 조선의용군 심사를 맡았다. 한국 전쟁 중에는 중국 인민 지원군의 일원으로 참전하기도 했다.

박차정(1910~1944)

아버지와 오빠의 영향으로 어려서부터 강한 민족의식을 가지고 있었다. 일신여학교 시절, 항일 학생 운동을 주도하여 여러 차례 감옥살이를 하였다. 상경 후 근우회에 들어가 선전 조직과 출판 부문을 담당하였으나 1930년 1월 광주 학생 운동을 도왔다는 이유로 체포되었다. 3개월 뒤 병보석으로 풀려난 그는 중국으로 망명해 의열단에서 활동하는 한편, 여성 독립운동가를 양성하였다. 1938년 조선의용대 부녀복무단장으로서 무장 투쟁을 전개하였으나 1939년 곤륜산 전투에서 부상을 당해 후유증으로 1944년 숨을 거두었다.

손일봉(1912~1941)

3·1 운동에 참가했다가 총에 맞아 다리를 다친 아버지의 영향으로 독립운동을 하겠다는 다짐을 하게 된다. 1933년 상해 홍구에서 서무원으로 취직해 신분을 감추고, 일본 경찰과 친일 밀정을 처단하는 일을 했다. 상해를 떠난 손일봉은 낙양으로 가서 황포 군관 학교에 입학했고, 졸업 후 국민 혁명군에서 탄약대장, 간부 훈련반 교관 등으로 활동하다 제54단의 전차방어포대 중대장으로 발탁되어, 10여 차례의 전투에 참전했다. 1940년 조선의용대 제1지대에 가담한 그는 1941년 태항산으로 들어가 무장 선전 활동을 하다 호가장 전투에서 전사했다.

송지영(1916~1989)

1937년 동아일보사에 들어가 이듬해 만주 특파원이 되었다가 1940년 중국 상해시보 기자가 되었다. 남경 중앙대학 재학 중 비밀 결사 동맹을 조직하여 일본군의 동향을 파악하고 독립운동에 참여하려는 청년들을 임시 정부와 광복군에 보내는 일을 했다. 1943년 대학을 중퇴하고 임시 정부 특파원이 되어 조선인 유학생들을 포섭하고 반일 선전 활동을 하다 1944년 일본 경찰에 체포되어 치안 유지법 위반으로 2년 형을 받았다. 석방 후 소설가로서 작품 활동을 하는 동시에 신문사 주필, 편집국장, 논설위원, 주간 등을 지냈으며 1984년 한국방송공사 이사장을 맡았다.

윤봉길(1908~1932)

3·1 운동이 일어나자 식민지 노예 교육의 문제를 깨닫고 학교를 그만두었다. 1930년 만주로 망명하여 대한민국 임시 정부가 있는 상해에서 김구를 만나 독립운동에 목숨을 바칠 각오를 전했다. 1932년 1월 8일 한인 애국단 이봉창의 의거가 실패하자 그는 4월 26일 한인 애국단에 입단해 4월 29일 이른바 천장절 겸 전승 축하 기념식에 폭탄을 던졌다. 현장에서 잡힌 그는 사형을 선고받아 이듬해 12월 19일 순국하였다.

윤세주(석정 1901~1942)

경상남도 밀양 출신으로 1919년 3·1운동 때 밀양에서 만세운동을 주도하였다. 만주에서는 의열단에 입단하여 결사대를 조직하고 조선총독부, 동양척식회사, 경성일보사 등 일제의 식민 통치 기관을 폭파하려는 계획을 세웠다. 1920년 중국인으로부터 3개의 폭탄을 구입하여 동지들과 국내에 잠입하였으나 일본 경찰에게 붙잡혀 1921년 7년 형을 선고받았다. 출옥 후 중국으로 망명하여 대한민국 임시 정부와 협력하여 항일 운동을 했다. 1937년에는 김원봉과 조선 민족 혁명당을 조직하여 중앙 위원 겸 선전부장으로 활동하였고, 이듬해 김원봉과 조선의용대를 편성하여 항일 활동을 했다.

글 황동진
서울교육박물관에서 학예연구사로 근무하며 우리나라 교육사와 독립운동가를 연구하고 있고, 그림책 작가로도 활동하고 있어요. 《태극기를 든 소녀》, 《개의 입장》을 지었고, 쓰고 그린 책으로 《우리는 학교에 가요》, 《문을 열어!》, 《김란사, 왕의 비밀문서를 전하라!》 등이 있어요.
진심을 담고 있는 모든 것을 응원하는 마음으로 이야기를 쓰고 그리며 삽니다.

그림 정진희
홍익대학교에서 동양화를 공부했어요. 《수상한 아이가 전학 왔다》, 《어린이를 위한 정의란 무엇인가》, 《이상하지도 아프지도 않은 아이》, 《여름방학 숙제 조작단》 등 백여 권에 이르는 책에 그림을 그렸어요. 옛날이야기로부터 판타지와 SF에 이르기까지 다양한 장르의 그림을 넘나들며 활발하게 활동 중이며, 언어가 미처 담아내지 못한 이야기를 그림으로 스토리텔링하는 일에 흥미를 느끼고 있어요.

감수 및 도움 김해양
1948년 경기도 부평에서 태어났어요. 현재 김학철 유산 정리와 연구에 전력하면서 왕성한 문필 활동을 하고 있어요.

참고문헌
김호웅, 김해양 편저, 《김학철 평전》, 실천문학사, 2007.
리혜선, 《김학철 이야기》, 웅진주니어, 2009.

국내에 출간된 김학철의 작품
1986년 전기 문학 《항전별곡》
1988년 장편 소설 《격정시대》(상·중·하)
1988년 장편 소설 《해란강아 말하라》(상·하)
1989년 보고 문학 《고봉기유서》
1989년 단편 소설집 《무명소졸》
1989년 산문집 《태항산록》
1994년 산문집 《누구와 함께 지난날의 꿈을 이야기하랴》
1995년 자서전 《최후의 분대장》
1996년 장편 소설 《20세기의 신화》
2001년 산문집 《우렁이속 같은 세상》
2022년 김학철 문학 전집(전12권 중 5권 출판)

"김학철 선생님이 작사한 〈조선의용군 추도가〉를 들어 보세요."

조선의용군
추도가

조선의용군
추도가(반주)

나라의 독립과 자유를 위해 싸운 **최후의 분대장 김학철**

초판 1쇄 발행 2024년 8월 15일

글	황동진
그림	정진희
감수	김해양
편집	김채은 | **디자인** 이아진
제작	박천복 김태근 고형서
펴낸이	김경택
펴낸곳	(주)그레이트북스
등록	2003년 9월 19일 제313-2003-000311호
주소	서울시 구로구 디지털로31길 20 에이스테크노타워5차 12층
대표번호	(02) 6711-8673
홈페이지	www.greatbooks.co.kr
ISBN	978-89-271-0866-5 73990

사용연령 4세 이상 **제조국** 한국
주의사항 책장에 손이 베이거나 책 모서리에 다치지 않게 주의하세요. KC마크는 이 제품이 공통안전기준에 적합하였음을 의미합니다.

※책값은 표지에 있습니다. 잘못된 책은 바꾸어 드립니다.